Allitera Verlag

Wolfgang Günter Lerch

Wie eine Perle im Ozean

Türkische Kultur und Literatur in Mittelasien

Allitera Verlag

Weitere Informationen über den Verlag und sein Programm unter:
www.allitera.de

Februar 2011
Allitera Verlag
Ein Verlag der Buch&media GmbH, München
© 2010 Buch&media GmbH, München
Umschlaggestaltung: Kay Fretwurst, Freienbrink
Umschlagbild: © Coprid – fotolia.com
Herstellung: Books on Demand GmbH, Norderstedt
Printed in Germany · ISBN 978-3-86906-148-1

Inhalt

Einleitung 7

Grundlagen und Voraussetzungen 11
Der geografische Raum 11
Der türkische Völker- und Sprachenkosmos 16

Die vorislamischen Türken 21
Die Reiche der Göktürken 21
Ein Däne blickt nach Sibirien 24
Textbeispiele der Orkhon-Runen 26
Die aktuelle politische Bedeutung der Orkhon-Inschriften . . 29
Die Reiche der Uiguren 31
Das uigurische Schrifttum: Gattungen und Arten 33
Die manichäischen und buddhistischen Kulturdenkmäler
Höhepunkte der Kultur an der Seidenstraße 35
Neu-uigurische Literatur und ihre Autoren 37
Die Bewahrung des islamischen Erbes 42

Die Islamisierung der zentralasiatischen Türken 43
Der Siegeszug der Muslime in Mittelasien 43
Die Goldene Horde – Schmelze mongolisch-türkischer
Herrschaft 47
Die religionsgeschichtliche Rolle der Türken 49
Die großen Epen als Gemeinbesitz der Türken 50
Der »Stammvater« der turkmenischen Literatur:
Mahtumguli Firâghi 56
Die türkisch-persische Kultursynthese im Zeichen des Islams
Eine nicht nur literarische Gesamtschau 60

Das Vordringen der Russen in Westturkestan 69
Russische »Rechtfertigungen« des Imperialismus und das
klassische »Great Game« 72
Abaj Kunanbajew – Dichterfürst der Kasachen 75

Ein großes Fest in der Kasachensteppe   76
Die Tschagatai Literatur und ihr größter Vertreter
Mir Alischir Navoi-Neva'i   80
Zahiruddin Babur Schah – Herrscher und Chronist seiner
selbst   89
    Das weltberühmte Baburnâme   89
    Baburs moderne Erben – neue usbekische Literatur   91
Navois tatarische Erben oder die Aufklärer des Dschadidismus   92
    Ismail Gaspiralis Werk   92
    Yusuf Akçuraoglu und der säkulare Türkismus   96

Moderne Zeiten. Zeitgenössische Autoren Mittelasiens   100

Der Mensch zwischen Natur und Zivilisation   100
Muchtar Auesow – Abajs begeisterter Jünger   102
Abdishamil Nurpreissow – Der große See   106
Muchtar Schachanow – Irrweg der Zivilisation   108
Tschingis Aitmatow – Kirgisiens Botschafter für Mensch
und Natur   111
Adil Yakubow – Historienmaler und Biograf   115
Abisch Kekilbayew – moderner Poet Kasachstans   116
Uchqun Nazarow – die Stimme Usbekistans   117
Yodgor Obid – neue usbekische Poesie   117
Die Dichter als Stimmen des gemeinsam erfahrenen Leids
der mittelasiatischen Völker   119

Sprachliche, literarische und kulturelle Horizonte der Turkvölker .   122

Baymirza Hayit – Traum und Widerstand im Exil   127
Literatur und Sprache als gemeinschaftliches Gut   130
Bemühungen um die Schaffung eines »Gemein-Türkisch« . .   131

Bibliografische Angaben und weiterführende Literatur   135

Chronologischer Überblick über die für die Kultur und Geschichte
Mittelasiens relevanten Herrschaften und Dynastien   139

Einleitung

Unter dem Begriff »Türken« (türkler) versteht man in unseren Breiten im Allgemeinen jene Menschen, die heute die Republik Türkei (Türkiye Cumhuriyeti) bewohnen, das Territorium zwischen Edirne, der östlichen Ägäis-Küste und dem östlichen Anatolien, das an Georgien, Iran, Aserbaidschan, Armenien und den Irak sowie an Syrien grenzt. Sie sind die Nachfahren der Osmanen, die sechshundert Jahre lang von Bursa, Edirne und schließlich von Istanbul (Konstantinopel) aus ein Weltreich regierten, das sich über drei Kontinente erstreckte – Asien, Afrika und Europa. Die Türkei hat heute dreiundsiebzig Millionen Einwohner, mit steigender Tendenz; in wenigen Jahren werden es achtzig Millionen und mehr sein. Reichte dies allein schon aus, um den Türken, ihrer Sprache und Kultur, damit auch der Literatur einen wichtigen Platz in der Geschichte zu sichern, so ist dies noch mehr zu beachten, wenn man sich vor Augen führt, dass wohl nur etwa die Hälfte, vielleicht sogar der kleinere Teil der Türken in der heutigen Türkei lebt. Türken bewohnen außerhalb der Türkischen Republik einen geografischen Großraum, der wenigstens vom Balkan und dem Südosten Russlands über den Nahen Osten und Iran bis in den Osten Sibiriens reicht; wir werden im Einzelnen darauf noch zurückkommen. Hinzuzurechnen ist mittlerweile ja auch der Millionen zählende Anteil türkischer Migranten und Einwanderer in Europa, hier vor allem in Deutschland mit etwa dreieinhalb bis vier Millionen Menschen.

Hält man sich dieses Faktum vor Augen, so wird man gewahr, dass die turksprachige Welt, was ihre Verbreitung und die Anzahl ihrer Sprecher angeht, keineswegs hinter den Arabern oder Persern zurückstehen muss. Dasselbe gilt für die kulturelle Fülle dieses Völker- und Sprachenkosmos, der – obzwar gegenwärtig, was seine größten Völker angeht, weitgehend vom Islam geprägt – in früheren Zeiten und an seinen Rändern auch noch heute von zahlreichen anderen religiösen und weltanschaulichen Vorstellungen beeinflusst ist. So sind die Unterschiede zwischen einem Schamanen bei den Jakuten im Osten Sibiriens und einem islamischen Reformdenker der Ankaraner theologischen Schule in der Türkei oder einem weltlichen Schriftsteller in Istanbul gewiss gewaltig; sie zeigen aber die ganze Bandbreite dessen auf, was »türkisch« und »türkische Kultur« heißen kann. Auch die religiöse Geschichte der türkischen Völker und Stämme wird uns bald noch eingehender beschäftigen. Sie ist ein »weites Feld« und längst nicht vollständig erforscht.

Ich habe bisher zwei Arbeiten über die Literatur der in der Türkei lebenden Türken (respektive Osmanen) vorgelegt, beide im Allitera Verlag: »Die Laute Osmans. Türkische Literatur im 20. Jahrhundert«, München 2003, sowie – aus Anlass der Buchmesse des Jahres 2008, bei der die Türkei Ehrengast war – »Zwischen Steppe und Garten. Türkische Literatur aus tausend Jahren«, München 2008. Mit dem vorliegenden Werk möchte ich eine Lücke schließen, auf die ich von einigen kritischen Lesern hingewiesen worden bin. Einmal geht es darum, auch die Literatur und das Schrifttum der vorislamischen Türken ein wenig bekannter zu machen; zum anderen habe ich im Sinn, dies auch für die Literatur außerhalb der Türkei oder des ehemaligen osmanischen Herrschaftsbereiches zu tun – jedenfalls in dem bescheidenen Rahmen dessen, was ich als Autor hier leisten kann. Doch neben der eigentlichen Literatur soll auch von der Kultur der zentralasiatischen Türken die Rede sein, denn ein Verständnis von deren Schrifttum ist ohne Kenntnisse der Umgebung, in der dieses entstand, schwerlich denkbar. Dabei wird das Nomadentum ebenso eine Rolle spielen wie der Übergang der Türken zur Oasen- und Stadtkultur, der schon in vorislamischer Zeit, etwa bei den Uiguren, stattfand und sich in islamischer Zeit verstetigte – in enger Nachbarschaft, ja Symbiose mit der persischen Sprache und Literatur, später dann der russischen.

Vor allem bei der Behandlung der mittelasiatischen modernen Literatur und Dichtung, die häufig auch in russischer Sprache verfasst wurde und wird, ist der Autor in besonderer Weise auf Sekundärliteratur angewiesen, da seine Kenntnisse im Russischen sehr begrenzt sind. Insbesondere bei dem vorletzten Kapitel war der Autor auf die umfassende Tätigkeit des Übersetzers und Kulturvermittlers Friedrich Hitzer (1935–2007) angewiesen, des großen Brückenbauers zwischen mittelasiatischer, hauptsächlich in russischer Sprache verfasster Literatur und dem Westen. Vor allem als Übersetzer von Werken des Kirgisen Tschingis Aitmatow und des Kasachen Muchtar Schachanow ist Hitzer hervorgetreten. Der Verfasser ist darüber hinaus kein Turkologe, sondern in erster Linie politischer Journalist und Literaturenthusiast, das heißt ein Dilettant im vielleicht besten Sinne des Wortes. So bittet er von vornherein auch um Nachsicht für etwaige Fehler, die alleine ihm anzulasten sind. Die Quellen, aus denen er schöpfte, werden am Ende des Buches angegeben. Bezogen auf die vorislamische Epoche der mittelasiatischen Türken verdankt der Autor das meiste – neben den »Klassikern« der Turkologie – den Arbeiten von Wolfgang Scharlipp und Jens-Peter Laut. Publikationen in türkischer Sprache sind nur in geringer Zahl angeführt. Als wichtige Basis für das gesamte Buch diente ihm das Werk »Das Türkenvolk in seinen ethnologischen und ethnografischen Beziehungen« von Hermann (Arminius) Vámbéry, das schon im Jahre 1885 bei Brockhaus in Leipzig erschien, aber noch immer als einer der großen Würfe gelten kann. Vámbéry ist einer der Gründerväter der Turkologie als Wissenschaft. Mag auch manches Detail in diesem umfangreichen Buch inzwischen überholt sein, so bietet der ungarische Turkologe doch einen beeindruckenden Überblick über die türkische Welt. Und ganz folgerichtig beschreibt er nach einer Einleitung die Türken, darin gewissermaßen der »historischen Bewegungsrichtung« der Turkvölker gehorchend und mit den Jakuten in Sibirien beginnend, von Osten nach Westen. Vámbéry war als Reisender und Forscher auch in politische Ränkespiele verwickelt, als Charakter vielleicht nicht untadelig; doch für die Erschließung der türkischen Kultur hat er Unschätzbares geleistet. Im Folgenden wird das Buch als »Türkenvolk« zitiert.

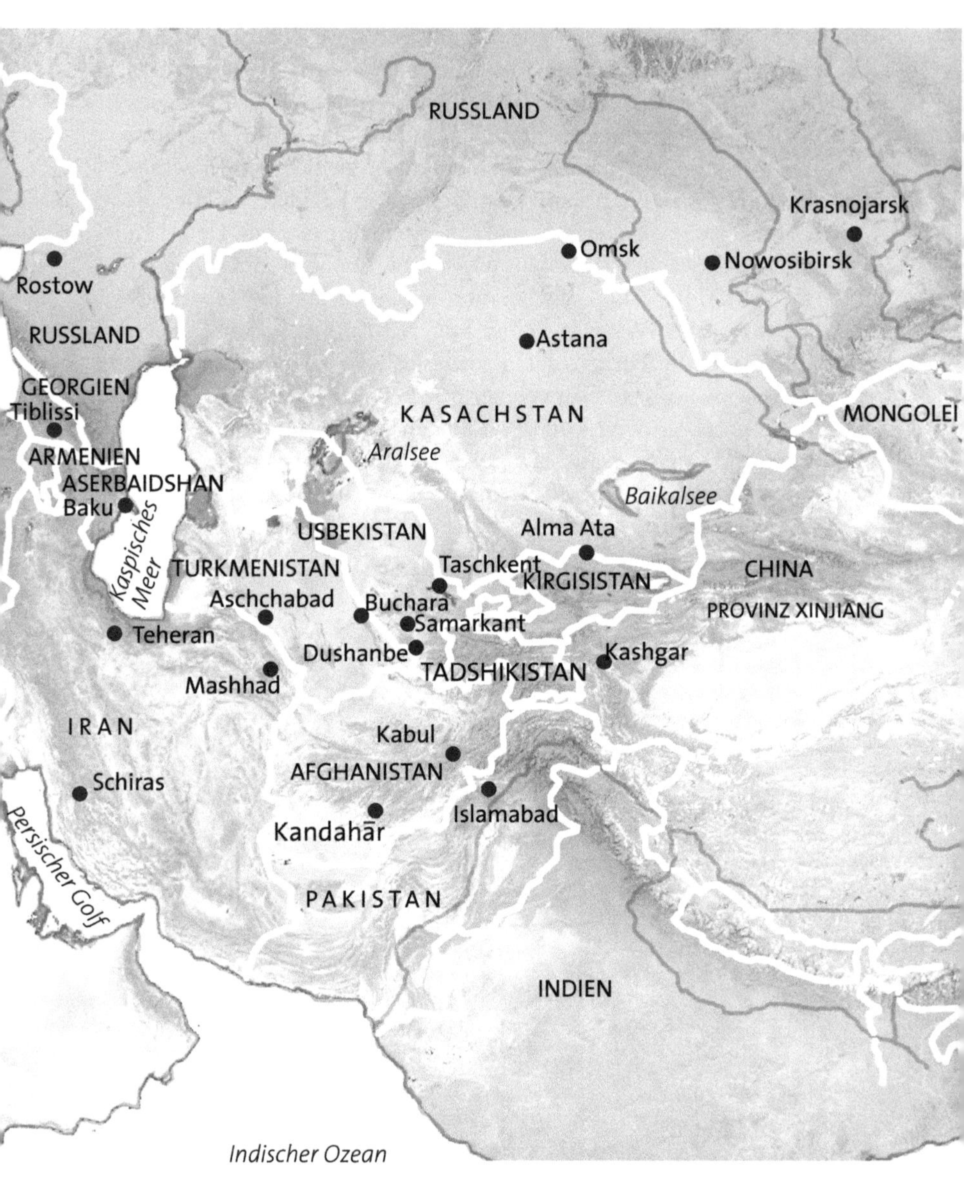

RUSSLAND
Rostow
RUSSLAND
GEORGIEN
Tiblissi
ARMENIEN
ASERBAIDSHAN
Baku
Kaspisches Meer
Teheran
IRAN
Schiras
Persischer Golf
Mashhad
TURKMENISTAN
Aschchabad
Dushanbe
Kandahār
Kabul
AFGHANISTAN
Islamabad
PAKISTAN
Indischer Ozean
INDIEN
Buchara
Samarkant
TADSHIKISTAN
USBEKISTAN
Taschkent
KIRGISISTAN
Kashgar
Alma Ata
Baikalsee
Aralsee
KASACHSTAN
Astana
Omsk
Nowosibirsk
Krasnojarsk
MONGOLEI
CHINA
PROVINZ XINJIANG

Grundlagen und Voraussetzungen

Der geografische Raum

Mittelasien (orta Asya), die Urheimat der Türken (wie auch anderer, nicht türkischer, das heißt indoeuropäischer oder mongolischer Völker, die in Gemeinschaft oder Gegnerschaft mit ihnen lebten und leben), ist weit wie die scheinbar endlose Fläche eines Ozeans; der Horizont seiner Ebenen weist ins Unendliche. Und ebenso weit ist der Himmel, der diese endlosen Flächen überwölbt und den die Nomaden immer mit dem Ewigen, dem Göttlichen, assoziierten. Während sie sich auf der Erde fortbewegten, auf der Suche nach frischen Weideplätzen oder Beute, verharrte der Himmel zunächst einmal in majestätischer Ruhe, Symbol des Himmelsgottes *Tängri*, *Tengri* (Neutürkisch: *tanri*), den sie seit alters her verehrten. So jedenfalls schien es ihnen. Weitgehend abflusslos ist dieses Stück Land zudem ganz in der Mitte seines eigentlichen Zentrums, seines Kerns, dazu bitterkalt im Winter, doch beklemmend heiß und trocken im Sommer. Einige Regionen wie Turfan liegen sogar unter dem Niveau des Meeresspiegels.

Seit Jahrtausenden schon ziehen die Nomaden mit ihren Herden über die schier endlosen Flächen der Region, die sich von Horizont zu Horizont dehnen, immer auf der Suche nach neuer Nahrung für das Vieh, unter ihren Füßen eine meist karge Erde, die nur im Frühjahr kurz ihre Fruchtbarkeit zeigt, bevor sie in heißen Sommern austrocknet. Zwar hat die Zivilisation zum Rückgang des Nomadismus geführt, aber noch immer gibt es sie in jenen Weiten, hat eine immer kleiner werdende Minderheit den großen Versuchungen der Städte getrotzt. Extrem sind auch die Gegensätze des Klimas, besonders der Sommer- und Wintertemperaturen. Sibirische Kälte findet man nicht selten zwischen den Ufern des Kaspischen Meeres, des größten Binnensees der Erde, und dem Altai-Gebirge, während besonders in den südlicheren Teilen Zentralasiens die Sommerhitze beinahe saharische Ausmaße annehmen kann. Ein Gleiches gilt für die Trockenheit. In seiner Erzählung »Kara Boghaz« hat der große russische Schriftsteller KONSTANTIN PAUSTOWSKIJ einen Teil der Ödnis treffend geschildert. Einsame Reisende brachen immer wieder nach Osten auf, sogar aus Europa, wie der wohl bekannteste von ihnen: Marco Polo aus Venedig – obwohl in jüngster Zeit Zweifel daran aufgekommen sind, ob er wirklich bis nach Karakorum und nach China gelangt ist. Später auch viele Russen, worauf wir noch zurückkommen werden, denn dem Drang der Nomaden nach Westen wurde später ein Drang der »Westler« nach Osten entgegengesetzt. Ein durchaus auch politischer Drang, der nicht nur der forschenden Neugier zu verdanken war. Im Westen, in den europäischen »Kulturlandschaften«, verbreiteten die sich einem Sturzbach gleich nach Europa ergießenden Nomaden Furcht und Schrecken, von den Hunnen (*Hsiung-nu*) angefangen bis zu den Mongolen; bis heute kennt man ja den Begriff der »Tatarennachrichten«, der allerdings doppelsinnig ist. Einmal steht er für die sprichwörtliche Grausamkeit nomadischer Kriegerheere, die »Steppenreiter«, wie Joseph Kessel sie nennt, die immer wieder nach Westen oder Süden vordrangen und Krieg und Verheerungen mit sich brachten; zum anderen bringt er jedoch auch das Gegenteil zum Ausdruck: dass nämlich die Nachricht oftmals schlimmer sei als die Wirklichkeit, dass am Ende jene wilden »Horden« hier und da wohl auch verleumdet worden sind und gar nicht so wild waren, wie es hieß – Opfer auch eines rein selektiven Blickes aus der Sicht derjenigen, die es eben traf. In jedem Fall spielte viel Unkenntnis in solche Wahrnehmung mit hinein, was schon daraus erkennbar wird, dass gelegentlich noch von »Tartaren« gesprochen und geschrieben wird, wo allenfalls Tataren gemeint sein können. Die Christen verbreiteten die Mär, jene Steppenreiter seien »der Hölle entsprungen« (*ex tartaro*), um ihre Schrecklichkeit zu kennzeichnen. So erklärt sich die falsche Bezeichnung. Andererseits setzten sie zu Zeiten der Kreuzfahrer auf einen angeblich im Osten herrschenden »Priesterkönig Johannes«, der ihnen in ihrem Kampf gegen die Muslime beistehen würde. So sehr war den Europäern Mittelasien damals eine *Terra incognita* – und zwar in jeglicher Hinsicht.

Doch was genau hat man im Sinne der geografischen Wissenschaft unter Mittelasien zu verstehen, wie definiert man diese Region, deren Geschichte und Literatur uns im Folgenden beschäftigen soll? Eine Festlegung, die alle Geografen oder Kulturphilosophen völlig befriedigt, gibt es wahrscheinlich nicht. Immer wird auch ein Gutteil subjektiver Einschätzung dabei eine Rolle spielen. So ist zum Beispiel bis heute strittig, ob Afghanistan zu Zentralasien – dies ist eine weitere Bezeichnung für diesen Großraum –, zu Mittelasien, oder ob das Land am Hindukusch nicht schon, wie viele meinen, zu Südasien gezählt werden sollte. Auch die Zugehörigkeit der Mongolei zu Zentralasien ist strittig, obschon die Mongolen Mittelasien zutiefst geprägt haben, sowohl kriegerisch als auch friedlich. Und in der heutigen Republik der Mongolen mit ihrer Hauptstadt Ulan Bator leben mit 300 000 Kasachen vornehmlich im Gebiet des Altai auch Türken.

Zunächst können wir vielleicht Folgendes sagen: Mittelasien ist – der Name deutet es an – die geografische Mitte Asiens, des größten Kontinents unserer Erde; ein weitgehend abflussloses, teilweise sogar unter dem Meeresspiegel gelegenes Areal von Steppen, Halbwüsten, Wüsten, hohen Gebirgszügen, Fruchtland und Oasen, in dem vor allem die nomadische Kultur seit Jahrtausenden bestimmend gewesen ist. Erst in modernen Zeiten begann diese, sich drastisch zu verändern, allerdings ohne dass sie ganz ausgestorben wäre. Die nomadisierenden Völker dieser Region waren jahrtausendelang dem ewigen Rhythmus des Wanderns unterworfen, immer auf der Suche nach neuen, frischen Weideplätzen für ihre Herden, die man entweder auf friedliche Weise gewann oder sich mit Gewalt aneignete. Denn den Nomaden standen als zivilisatorischer Kontrapunkt auch früh schon Sesshafte gegenüber, zumindest in Teilen Mittelasiens, wo die klimatischen Bedingungen das Siedeln und den Bau größerer Städte erlaubten, das heißt neben Viehzucht auch der Ackerbau und andere Tätigkeiten der Sesshaftigkeit möglich waren. Dafür boten sich die Oasen an, im Gebiet der Flüsse Amu Darja (Oxus), Syr Darja (Jaxartes), Sarafschan und Ili etwa, oder das Semiretschije (Siebenstromland), wo sich schon früh auch blühende Stadtkulturen entwickelten. Insbesondere Choresmien, das Gebiet südlich des Aralsees, kann als ein besonders altes Kulturland Mittelasiens gelten, aber auch die Gebiete des späteren Buchara und Samarkand (Marakanda), die schon zu Zeiten Alexanders des Großen besiedelt waren. So ist denn Mittelasien als Kulturlandschaft nicht nur vom Nomadentum geprägt, sondern ebenso sehr von einem übergreifenden Prinzip, das durch den Gegensatz zwischen sesshaften und umherschweifenden Völkern und Kulturen charakterisiert wird. In der Dichtung Irans zum Beispiel erscheint dieser Rhythmus als ein Gegensatz zwischen Iran und Turan, wobei mit dem Begriff »Turan« die nomadisierenden, meistens eben türkischen »wilden« Völker und Stämme gemeint sind, während sich Iran als Land der (»arischen«) Kultur versteht. Dieser Gegensatz zwischen Nomaden und Sesshaften begleitet die Geschichte der menschlichen Kultur fast überall.

Bis heute leben die Nomaden Mittelasiens in Zelten, die sie aus Filz errichten. Man nennt sie Jurten – ein türkisches Wort, das im heutigen modernen Türkisch auch »Heimat« bedeutet (*yurt, anayurdu* oder *kibitke*). Man sieht diese Jurten in der Kasachensteppe ebenso wie in Kirgisien, in Tadschikistan, Usbekistan, Turkmenistan, aber auch in der Mongolei. Allerdings werden wir sehen, dass die türkischen Nomaden, wenn sie Reiche gründeten und somit zu einem Teil sesshaft wurden, auch städtische Ansiedlungen errichteten oder bewohnten, sofern sie sie eingenommen und übernommen hatten. Doch war es auch üblich, dass die Khane oder Häuptlinge (*kagan, hakan*) gegebenenfalls auch vom Zelt aus regierten. Vor allem auf Kriegszügen. In Zeiten nomadischer Welteroberung und Weltherrschaft, etwa unter dem Lahmen Timur, Timur-i Lenk (einem Türken), oder zuvor unter seinem mongolischen Vorgänger Dschingis Khan, war dies auf den Heereszügen gang und gäbe. Mit ihren Pferden beinahe verwachsen, den griechischen Kentauren gleich, erschienen diese Steppenkrieger ihren Feinden unheimlich. Das Pferd und ihre Herden lieferten ihnen fast alles, was sie zum Leben brauchten. Angefangen von Fleisch und Fell bis zu den Sehnen und Knochen nutzte man buchstäblich fast alles, um daraus Nahrung und Behausung, Waffen und andere Gerätschaften zu gewinnen und somit das Leben bestreiten zu können. Bis heute gilt ja auch die vergorene Stutenmilch, *kumys* genannt, in ganz Mittelasien als das verbreitete traditionelle Getränk der Bevölkerung.

Wenn wir schon eine geografische Beschreibung des Schauplatzes vornehmen wollen, dann können wir Mittelasien wie folgt eingrenzen: Es reicht im Westen vom Ural-Fluss (ein türkischer Name) und dem Kaspischen Meer, dem größten Binnensee der Erde, bis ungefähr zum Altai-Gebirge und den östlich davon gelegenen Flüssen Orkhon und Selenga in der heute nördlichen Mongolei. Aserbaidschan und die Wolgaregionen, die teilweise auch von Türken bewohnt werden, gehören nicht dazu. Selbstverständlich gab es auch geografische Überschneidungen: So erstreckte sich das Reich der türkischen Chasaren vor tausend Jahren, die den jüdischen Glauben annahmen, vom Wolgaraum bis nach Mittelasien hinein, das heißt bis in Regionen östlich des Kaspischen Meeres, das bis heute auch nach ihnen benannt ist: *Hazer denizi*, Meer der Chasaren. Dort stießen sie im Süden auf die Siedlungsgebiete der Ghuzz, wie die arabischen Quellen schreiben, das heißt der Oghusen. Diese Regionen gehören heute zu den jungen Staaten Kasachstan und Turkmenistan. Das Altai-Gebirge gilt als die Urheimat der Türken überhaupt. Inwieweit es geografisch noch zu Zentrasien zu rechnen ist oder zu Sibirien gehört, darüber kann man streiten.

Die Süd-Nord-Erstreckung ist noch schwieriger abzustecken, doch kann man vielleicht sagen, dass die Gebirgsketten des Himalaja, des Karakorum und des Pamir bis hin zu den Gebirgen des nördlichen Iran die Südgrenze markieren. Im Norden kann man behaupten, dass Zentralasien geografisch dort endet, wo die steppenhaften Gebiete an die sibirische Taiga und Tundra angrenzen oder allmählich in sie übergehen. Diese Grenze ist schon allein dadurch fließend geworden, dass in russischer, erst recht sowjetischer Zeit die nördlichen Ränder der Steppe zu Neuland (russisch: *zelino*) gemacht wurden. Vor wenigen Jahren hat das seit 1991 unabhängige Kasachstan seine Hauptstadt aus dem südlichen Almaty (Alma Ata) in den Norden des Landes verlegt, in eine Provinzstadt, die vormals den kasachischen Namen Akmola trug, auf russisch jedoch Akmolinsk oder Zelinograd hieß, weil sie mit Hilfe russischer Zuwanderer zum Zentrum der Neulandgewinnung geworden war. Ihr heutiger Name ist Astana.

Neben Gebirgen, die bis zu siebentausend Meter und höher aufragen, und wenigen Flüssen sind trockene Gebiete charakteristisch für Mittelasien, so etwa die im Südwesten gelegenen Wüsten Kara Kum und Kizil Kum, die Schwarzen und die Roten Sande, oder die größte zusammenhängende Sandwüste der Erde, die Takla Makan im Nordwesten des heutigen China, die das Tarim-Becken ausfüllt. In ihrer Umgebung haben Oasen wie Kaschgar, Chotan oder insbesondere jene im Gebiet von Turfan den Ablauf der Kultur beeinflusst und bestimmt. Dazwischen erstrecken sich die Steppen der Kasachen bis in das westliche Gebiet von Mangyschlaq und Ust-Urt östlich des Kaspischen Meeres, im Osten dann die kirgisischen Bergwüsten. Die Türken nannten die oben beschriebenen Regionen seit alters her schlicht und einfach »Turkestan« – Türkenland –, allenfalls unterschied man, bevor moderne Grenzen es zerteilten, zwischen West- und Ostturkestan. Bis weit in die Dreißigerjahre des vorigen Jahrhunderts hinein gab es in der Sowjetunion vonseiten der einheimischen Bevölkerung Bestrebungen, Turkestan zu erhalten; sie scheiterten bekanntlich. Nach dem Ende der Sowjetunion sind sie partiell wieder aufgeflammt, wie auch in Teilen Chinas. Insgesamt konnte sich die Ideologie des modernen Panturkismus und Panturanismus nicht durchsetzen.

Trotz dieser eindeutigen Bezeichnungen darf natürlich nicht unerwähnt bleiben, dass Mittelasien auch immer von iranischen Einflüssen mitgeprägt worden ist. Dies gilt bis heute. In einer Stadt wie Buchara spricht mindestens die Hälfte der Bevölkerung bis in unsere Tage hinein das Persische. In Tadschikistan ist Persisch in der Variante des Tadschikischen die Nationalsprache der Titularnation. Insbesondere die Stadtkultur ist – schon in vorislamischer Zeit – stark von iranischen Elementen beeinflusst worden, während das nomadische Milieu eher türkisch blieb. Doch dies ist nur eine Annäherung. In vorislamischer Zeit prägten Iraner und Indoeuropäer, wie die Sogdier oder Tocharer, die Region. Die Skythen waren einflussreich, ebenso die Hunnen und die Juan-Juan. Zu den ältesten Kulturschichten in den Gebieten nördlich des heutigen Iran, insbesondere zwischen den Flüssen Oxus und Jaxartes, sei das klassische Werk von S. P. Tolstow als Standardwerk angeführt: »Auf den Spuren der altchoresmischen Kultur«. Da wir uns hier auf das Türkische und auf die türkische Literatur beschränken wollen, sei für die iranische Kultur und Literatur Mittelasiens Jan Rypkas monumentale »Iranische Literaturgeschichte«, Leipzig 1959, empfohlen.

Die Zahl der Forscher, die sich um dieses Gebiet besonders verdient gemacht haben, ist inzwischen schon recht groß. Unter ihnen sind Deutsche und Dänen, Russen und Finnen, Schweden, Ungarn und viele andere. Natürlich gehören auch Türken dazu, die sich bereits im 19. Jahrhundert – etwa an der Universität von Kazan – zu diesem Reigen gesellten, später dann im Osmanischen Reich und in der Türkischen Republik. So unterschiedlich die Beweggründe der einzelnen Forscher auch gewesen sein mögen, so sehr waren sie sich doch einig in dem Bestreben, Leben und Wirken, Sprache und Kultur der Turkvölker zu erfassen und das Wissen über sie zu verbreiten.

Der türkische Völker- und Sprachenkosmos

Die türkischen Völker und ihre Sprachen sind – wie bereits angedeutet – so zahlreich, dass man getrost von einem Kosmos, einer türkischen Welt für sich sprechen kann. Es ist hier nicht möglich, ihn in extenso darzustellen, doch sei immerhin erwähnt, dass die Turkologen von etwa vierzig, wenn nicht sogar mehr, lebenden oder toten türkischen Sprachen (Turksprachen) sprechen. Türken siedeln in einem Gebiet, das sich vom Osten Europas bis nach Ostsibirien erstreckt, das heißt bis in das ferne Jakutien. Die größten dieser türkischen Völker sind mittlerweile auch im Westen nicht mehr ganz unbekannt, weil die welthistorische Wende von 1990/91 ihnen – sofern sie einmal zur Sowjetunion gehört hatten – die nationale Unabhängigkeit bescherte. Das gilt zum Beispiel für die Azeri (Aserbaidschaner), Turkmenen (Turkmenistan), Usbeken (Usbekistan), Kasachen (Kasachstan) und Kirgisen (Kirgistan). Andere bedeutende oder zumindest größere Turkvölker leben noch als Minderheiten in anderen Ländern, so die Krimtataren, die Tschuwaschen, die Tataren von Kasan, die Baschkiren, die Jakuten und etliche andere, kleinere Völkerschaften in der Russländischen Föderation, die Balkaren, Kumüken und Karatschaier zum Beispiel auch im Kaukasus. Die Karakalpaken sind den Kasachen verwandt, in deren Republik sie heutzutage teilweise siedeln, und zwar im Gebiet des Aralsees. Ebenso in Usbekistan und Turkmenistan – im Gebiet des Amu-Darja-Deltas, wo sie ihr Hauptzentrum haben. In Südosteuropa ist es vor allem die in Rumänien ansässige Minderheit der Gagausen, die den Turkvölkern zuzurechnen ist. In Iran gibt es Turkmenen, aber auch türkische Nomaden wie die Qaschghai. In Afghanistan stellen die türkischen Usbeken nach den (iranischen) Paschtunen und Tadschiken die drittgrößte Ethnie. Zu den großen Turkvölkern, die auch heute wieder politisch von sich reden machen, gehören die Uiguren, deren Mehrheit in der heute nordwestchinesischen Provinz Xinjiang (früher Singkiang genannt) wohnt. Sie fühlen sich von den Han-Chinesen kulturell überfremdet und politisch unterdrückt, sodass sie mit Widerstand antworten – nicht unähnlich dem der Tibeter – nur haben sie außerhalb ihres Landes keine wirkkräftige Lobby. Nicht ohne Grund kam es im Sommer des Jahres 2009 zu schweren Unruhen in Urumtschi, der Hauptstadt der Autonomen Region Singkiang und Uigur, die auch auf das uigurische Kaschgar übergriffen. Sollte die Regierung in Peking Pläne tatsächlich wahrmachen, nach denen 85 Prozent der Altstadt von Kaschgar zerstört und die Bewohner in moderne Häuser verlegt werden sollen, verlöre Ostturkestan eines seiner bedeutendsten Kulturdenkmäler überhaupt; und die Uiguren, die in Kaschgar das »Kairo des Ostens« erblicken, einen wesentlichen Fixpunkt ihrer religiösen, historischen und kulturellen Identität. Die Uiguren, ein besonders altes Kulturvolk, werden uns auf den folgenden Seiten noch beschäftigen.

Nach Sibirien gehören die Oiroten und Chakassen, die unter Stalins Sprachpolitik des »Teile und herrsche!« besonders zu leiden hatten. Diese Sprachpolitik war geeignet, neben dem willkürlichen Zuschnitt der Teilrepubliken die Turkestaner zusätzlich voneinander zu trennen. Die Russen waren bei der Unterwerfung dieser Völker alles andere als zimperlich, doch mit dem Terror, den Stalin und die Bolschewiken entfalteten, waren ihre Methoden nicht zu vergleichen. Sofern sich die zaristische Wissenschaft mit den türkischen und muslimischen Völkern des Ostens befasste, standen oft stärker Impulse der Missionierung im Vordergrund, obwohl sich bald herausstellte, dass die Missionierung von Muslimen weitgehend auf Granit biss.

Wie die Türken in der Türkei, so sind ja auch die meisten Türken außerhalb dieses faszinierenden Landes Muslime. Doch das gilt nicht für alle: So hängen die Gagausen dem christlich-orthodoxen Glauben an. Christen sind auch die Tschuwaschen, die im Gebiet südlich von Moskau leben und in der Stadt Čeboksary ihr Zentrum haben. Doch vor allem die Turkvölker Ostsibiriens, wie die Jakuten, bekennen sich zu »heidnischen« Religionen wie dem Schamanismus, teilweise auch zu gewissen Formen des Buddhismus. Vor der Annahme des Islams durch die große Mehrheit der Turkvölker waren auch andere Hochreligionen unter ihnen verbreitet, so der Manichäismus, eine Religion iranischen Ursprungs, die auf den Stifter Mani im 3. nachchristlichen Jahrhundert zurückgeht, der Buddhismus und auch das nestorianische Christentum. Das Judentum spielte eine Rolle bei den Chasaren, nach denen das Kaspische Meer seinen türkischen Namen hat: Hazer Denizi. Die nestorianischen Christen waren aus Byzanz bis nach Mittelasien geflüchtet, um vor Verfolgung sicher zu sein, die Manichäer hauptsächlich aus dem Irak, nachdem der Islam dort seinen Siegeszug angetreten hatte. Vor allem unter den Uiguren, bevor diese Muslime wurden, waren diese anderen Hochreligionen weitverbreitet.

Das Vehikel der Literatur ist die Sprache. So können wir uns den Literaturen der mittelasiatischen Türken nicht sinnvoll widmen, ohne einige Informationen über die türkischen Sprachen (Turksprachen) gegeben zu haben. Bei alten Reiseschriftstellern konnte man gelegentlich lesen, dass man mit »Istanbul-Türkisch« sprachlich sogar bis zum Baikal-See durchkommen könne. Eine solche Behauptung entspricht nicht den Tatsachen. Wer Türkisch kann, tut sich zwar beim Erlernen etwa der kasachischen Sprache oder des Kirgisischen leichter, aber er muss dennoch eine eigene Sprache lernen. In der Regel gilt: Je weiter ein Turkvolk von der Türkei entfernt lebt, desto weniger kann man mit dem Türkei-Türkischen weiterkommen. Ganz nahe an diesem ist das Krimtatarische, aber auch das Azeri (Aserbaidschanische), das eine große Nähe zu den in Ostanatolien gesprochenen Dialekten des Türkei-Türkischen hat. Azeri wird in der Republik Aserbaidschan und im iranischen Teil Aserbaidschans gesprochen, dort ist es noch stärker mit dem persischen Wortschatz verbunden. Die in Kasachstan und Turkmenistan lebenden Karakalpaken können sich ohne Schwierigkeiten mit einem Kasachen verständigen. Das Tschuwaschische hingegen unterscheidet sich so sehr von den anderen Turksprachen, dass manche Wissenschaftler es schon aus dieser Sprachfamilie herausnehmen wollten – wohl zu Unrecht. Man sieht daran aber, wie komplex und vielgestaltig der Begriff der Turksprachen in Wirklichkeit ist.

Schon eine Einteilung der Turksprachen ist bei den Fachleuten strittig. Man hat sich aber angewöhnt, von einem westlichen und einem östlichen Zweig zu sprechen. Als Oberbegriff fungiert der der ural-altaischen Sprachen in Analogie zu den wichtigsten Siedlungs- und Herkunftsgebieten der Türken und der mit ihnen sprachverwandten Völker. Lange Zeit war das Schicksal der Türken Mittelasiens auch mit den Mongolen und den Tungusen verknüpft. Inwieweit hier sprachliche Verwandtschaft besteht oder nicht, ist ebenfalls noch nicht geklärt. So können Übereinstimmungen etwa im Wortschatz auch nur auf räumliche Nähe zurückzuführen sein oder auf eine zeitweilige Symbiose der Völker, wie zur Zeit der Dschingis-Khaniden oder Timuriden, deren Heere aus Mongolen wie aus Türken bestanden. Auch sind kulturelle osmotische Wechselwirkungen möglich; in der nomadischen Lebensweise glich man sich ohnehin. So nannten die Türken ihren gesetzesmäßigen Verhaltenskanon, dem die Stämme gehorchten, *yasa*, ebenso wie die Mongolen. Und bis heute lautet das türkische Wort für Verfassung *anayasa*. Im modernen Türkisch hat sich das Wort *kurultay* für Parteitag eingebürgert; so, nämlich *kuriltai*, nannten die Mongolen einstmals die Versammlung ihrer Stammeshäuptlinge.

Vom sprachwissenschaftlichen Standpunkt aus bezeichnet man die Turksprachen als polysynthetisch-agglutinierende Sprachen. Dieser kompliziert klingende Ausdruck meint nichts anderes, als dass die Bedeutungsinhalte des gesprochenen und geschriebenen Gedankens mit Hilfe vor allem von Suffixen, die an das Grundwort in oft großer Zahl angehängt werden, wiedergegeben werden. Dies führt gegebenenfalls zur Bildung von Riesenattributen. Ein weiteres Merkmal der türkischen Sprachen, das sie mit dem Ungarischen und dem Finnischen teilen, ist das Gesetz der Vokalharmonie. Es besagt, dass alle Suffixe in der Regel die gleiche Vokalfärbung erhalten müssen wie das Grundwort. Man unterscheidet bei den Vokalen helle und dunkle. Mit der Übernahme der islamischen Religion drangen in die meisten Turksprachen viele arabische und später auch persische Wörter ein. Dies galt in erster Linie für die Theologie und die Wissenschaften, da auf diesen Feldern ein eigenständiger Wortschatz fehlte, aber auch für Gegenstände der höheren Kultur und eines zivilisierteren Lebens, die von den Nomaden, kaum dass sie sesshaft geworden waren, adaptiert wurden. Schließlich war es die seit dem 10. Jahrhundert erblühende großartige islamische Dichtung und Literatur in der persischen Sprache, die auch die ursprünglich türkischen Dichter prägten, Einflüsse finden sich in den Bereichen des Wortschatzes, der arabisch überlieferten Gattungen, Gedichtformen, Strophen- und Versformen sowie der poetischen Bilder und stilistischen Elemente. Türkische Poeten, vor allem diejenigen an den verschiedenen Fürstenhöfen, verwendeten viele Jahrhunderte lang arabisch-persische Gedichtformen wie Kasside und Ghasel (*kaside ve gazal*), dazu die Mesnevi-Form in der Epik, die klassischen Vierzeiler (*rübâi*) nach speziell persischem Vorbild und vieles andere mehr. Volkstümlichere Poeten pflegten auch weiterhin die silbenzählenden Versmaße der eigenen Tradition, die eigenen Vierzeiler und andere Formen. Auf die Großform des *destan*, der Heldenepik, werden wir bald zu sprechen kommen. Interessant ist in diesem Zusammenhang, dass die Dichotomie von Volkspoesie und höfischer Dichtung immer erhalten blieb, sodass man in moderneren Zeiten wieder an die älteren Traditionen anknüpfen konnte.

Eine besonders starke Arabisierung und Persifizierung erlebten die Sprache und Dichtung der Osmanen. Deren gelehrte, feine und höfische Bildung wurde in einem Idiom manifest, das als »beredtes Türkisch« (*fasih Türkçe*) oder Osmanisch (*Osmanlica*) bis zu achtzig Prozent arabische und persische Wörter enthielt, wenn auch in einer dem türkischen Gaumen angepassten Lautung. Nach der Gründung der Republik Türkei wurde dieser Wortschatz durch eine Sprachreform von oben massiv zurückgedrängt und durch alte türkische Wörter oder Neubildungen – Neologismen – ersetzt.

Die vorislamischen Türken

Die Reiche der Göktürken

Mit dem ersten Großreich der Göktürken oder Köktürken (»Himmelstürken«) treten die Türken konkret fassbar in die Weltgeschichte ein. Über dieses Reich, das kein Monolith gewesen ist, wissen wir hauptsächlich etwas aus chinesischen Quellen, aber auch aus türkischen, das heißt den ersten schriftlichen Zeugnissen in türkischer Sprache überhaupt, die bis heute gefunden werden konnten. Diese Ursprünge geben bis heute noch viele Rätsel auf, doch seit dem Ende des 19. Jahrhunderts haben sich europäische, vor allem deutsche und russische Gelehrte, mehr und mehr jedoch auch Türken um die Aufhellung dieser Fragen bemüht.

Die folgende, summarisch gehaltene Darstellung vorislamischer türkischer Herrschaft sowie ihrer schriftlichen wie literarischen Zeugnisse stützt sich stark auf die Arbeiten von Wolfgang Ekkehard Scharlipp (siehe Bibliografie), der gegenwärtig an der Universität Kopenhagen lehrt und zusammen mit Jens-Peter Laut aus Freiburg und der in Berlin lehrenden Turkologin Ingeborg Baldauf sich am intensivsten mit dieser Materie beschäftigt hat.

Das göktürkische Reich tritt unter einem Herrscher namens Bumin Kagan im Jahre 552 nach Christus in das helle Licht der Historie. Was zuvor war, ist ungewiss. Die oft von türkischen Gelehrten vorgebrachte Auffassung, dass etwa die Hiung-nu oder Hsiung-nu, das heißt die einstmals so mächtigen Hunnen, auch zur Gänze Türken gewesen seien, ist in der Wissenschaft umstritten. Weitere Forschungen sind nötig, um endgültige Klarheit zu schaffen. Die auf das Göktürken-Reich hinweisenden Inschriften indessen lassen am türkischen Charakter *dieser* Reichsgründung keinen Zweifel. Ein deutscher und ein schwedischer Reisender hatten in den Jahren 1721 und 1722 in der Nähe des sibirischen Flusses Jenissei Stelen mit Inschriften in einer unbekannten Schrift und Sprache entdeckt. Im 19. Jahrhundert setzte sich diese Forschertätigkeit fort. Ende der Achtzigerjahre stießen russische Gelehrte auf die steinernen Stelen im Gebiet der Flüsse Orkhon und Selenga in türer Mongolei. Auch sie waren – neben chinesischen Beschriftungen – mit Zeichen versehen, die man seitdem als »türkische Runen« bezeichnet. Sie handeln von dem Herrscher Köl Tegin (Kültigin) und von dem Prinzen Tonjukuk sowie von Bilgä Kagan, ihrem Leben und ihren Taten. Dies erfuhr man erst, nachdem zwischen 1893 und 1896 der Däne Vilhelm Thomsen und der Russe Wilhelm Radloff das Runen-Türkisch entziffert hatten.

Heute sind mehrere Hundert dieser Herrscher-Stelen bekannt, doch Sprachdenkmäler auf Türkisch, die älter wären, als die in der Mongolei entdeckten, sind bis jetzt nicht gefunden worden. Ältere Stelen sind in anderen Sprachen, etwa Sogdisch, gehalten. Die Orkhon-Inschriften werden jedoch klar auf 732 und 735 nach Christus datiert. Sie stammen demnach aus dem zweiten Göktürkischen Reich. Die Stelen fügen sich in den größeren Zusammenhang von teilweise recht umfangreichen Grabanlagen, die von sogenannten *balbals* geziert waren, steinernen Figuren, die wohl dem verstorbenen Herrscher im Jenseits als Sklaven dienen sollten. Bis heute sind allerdings an keinem dieser Plätze sterbliche Überreste der Toten gefunden worden, möglicherweise wurden die Gräber in späteren Zeiten zerstört und geplündert.

Das erste dieser Reiche hatte bis zur Wende vom sechsten auf das siebte Jahrhundert Bestand. Bemerkenswert war seine gewaltige Ausdehnung, denn es wurde in der Region zwischen Altai-Gebirge und der heutigen Mongolei gegründet, dehnte sich dann jedoch bis an die Ostufer des Kaspischen Meeres nach Westen aus. Es zerfiel in zwei Hälften, eine westliche und eine östliche, bevor es für etwa fünfzig Jahre wieder von den Chinesen dominiert wurde und einige Jahrzehnte darniederlag. Seinen Wiederaufstieg und Höhepunkt unter dem etwa 640 nach Christus gegründeten Zweiten Reich erlebten die Göktürken dann unter jenen Herrschern, von deren Regierung die Stelen in der Mongolei berichten. Die Herrschaft der Göktürken fand ein Ende, als die – gleichfalls türkischen – Uiguren die Macht übernahmen. Das geschah etwa um 740 nach Christus. Von da an gehörte die kulturelle Vorherrschaft in dieser Region für lange Zeit diesem türkischen Volk, dem wir das nächste Kapitel widmen werden.

Was die religiöse Situation dieser frühen Türken anbelangt, so scheint die Angelegenheit auf den ersten Blick eindeutig zu sein. Vor der Übernahme verschiedener Hochreligionen, wie Buddhismus, Manichäismus oder Christentum (in nestorianischer Form), seien die Türken Schamanisten gewesen, heißt es. Es ist ein religionswissenschaftlicher Gemeinplatz, der auf alle Völker und Ethnien zwischen dem Ural und Kamtschatka zutraf und in vielen Fällen auch noch zutrifft. Die türkischen Jakuten, sofern sie nicht Christen oder Buddhisten sind, gehen noch heute zum Schamanen, bisweilen läuft auch beides, die jeweilige Hochreligion und der Schamanismus, nebeneinander her.

Schamanen kann man vielleicht am besten als eine Art »Naturzauberer« bezeichnen; sie bilden das Bindeglied zwischen der sichtbaren und der unsichtbaren Welt, die aber nicht voneinander getrennt sind, sondern ineinander übergehen. Der Schamane hat darüber Macht und Einfluss. Er ist auch der Heiler des Stammes, sein Medizinmann, der mithilfe des in der Materie (Kräutern, Steinen oder Substanzen) vorhandenen *Mana* (geistige Energie) Kranke wieder gesunden lässt. Aus wissenschaftlicher Sicht stützt sich der Schamane auf ein magisches Weltbild »fantastischer Begründungen«, da diese empirisch nicht abgesichert und bewiesen sind. Gleichwohl ist immer wieder berichtet worden, dass auch Schamanen mit ihren Methoden erfolgreich sein konnten, und bis auf den heutigen Tag haben es die Hochreligionen und auch die Wissenschaften nicht vermocht, dem Schamanentum ein definitives Ende zu bereiten. In Kasachstan und Kirgistan hat sich – wie bei Mongolen und Tungusen – unter einem islamischen oder buddhistischen Firnis der Schamanismus durchaus am Leben erhalten. Alte, vorislamisch-schamanistische Bräuche werden außerdem bei den türkischen Aleviten in der heutigen Türkei und auf dem Balkan bei albanischen Muslimen des Bektaschitums vermutet oder gar immer wieder beschrieben.

Bei den vorislamischen Türken tritt neben dem Schamanismus indessen auch der Glaube an den Himmel (Gott) Tängri auf, der den schamanistischen Überzeugungen gar nicht widersprechen muss, aber nach Auffassung türkischer Autoren zu jener Zeit schon spezifisch monotheistische Züge getragen haben mag. Scharlipp hat darauf hingewiesen, dass dies möglicherweise damit zusammenhänge, die Türken und ihre damalige Kultur gewissermaßen als »reif« für die Übernahme des Islams darzustellen. Der Eingott-Glaube sei schon präformiert gewesen, sodass sich die türkischen Stämme bei der Übernahme des Islams gar nicht groß hätten umstellen müssen.

Die Runentexte in Alttürkisch zieren Stelen, die als Grabdenkmäler gedacht sind, aber auch den Ruhm der Bestatteten beschwören sollen. Inwieweit es sich bei diesen Texten schon um Literatur handelt – darüber kann man trefflich streiten. Das hängt von der jeweiligen Definition ab. Ist alles Geschriebene oder in Schrift Niedergelegte bereits Literatur oder bedarf es dazu bestimmter formaler Bedingungen? Vor allem türkische Gelehrte haben offenbar zu zeigen versucht, dass diese Schriftdenkmäler schon bestimmten formalen literarischen Kriterien, etwa dem Reim, gehorchen, sodass man sie tatsächlich als literarische Erzeugnisse charakterisieren könnte. Doch dies ist nicht unwidersprochen geblieben.

Unstrittig ist, dass mit den Orkhon-Stelen das türkische Schrifttum beginnt. Darauf zumindest kann man sich einigen. Zu Diskussionen hat auch immer wieder die Bezeichnung »türkische Runen« geführt, weil man unter Runen vor allem die überall bekannten germanischen Runen versteht. Da jedoch bis heute niemandem ein besserer Name für diese archaischen Zeichen eingefallen ist, kann man es dabei belassen. Auch in der türkischen Sprache spricht man von den *run harfleri* (Runenbuchstaben), bisweilen auch von den *eski Türk harfleri*, den alten türkischen Buchstaben, was missverständlich bleiben muss, denn die Türken haben im Verlauf ihrer Geschichte zahlreiche Schriften und Alphabete verwendet und tun es noch. Dies gilt auch und gerade, wie wir sehen werden, für ihre vorislamische Geschichte und Literatur. Noch heutigen Tages werden türkische Sprachen in mehreren Schriftsystemen wiedergegeben: lateinisch, kyrillisch, arabisch. In Teilen Anatoliens, etwa im Gebiet von Karaman, fanden sich noch im 20. Jahrhundert Grabsteine, auf denen das Türkische in griechischen Lettern niedergeschrieben wurde.

Bevor wir uns dieser türkischen Runen-»Literatur« widmen, bedarf es eines Rückblicks auf die Geschichte der Entzifferung, ja Entschleierung der alttürkischen Schrift, die einem Mann gelang, der zunächst ganz andere Interessen hatte als die Sprachwissenschaft und Schriftkunde, ihr dann aber ganz verfiel. Zeitweise hatte er sogar als Lehrer für Latein und Griechisch gearbeitet, während sein Geist allmählich in ferne, exotischere Welten zu schweifen begann.

Ein Däne blickt nach Sibirien

Die philologische Großtat von Vilhelm Ludwig Thomsen (1842–1927) fügt sich nahtlos in die Geschichte genialer Entzifferungen alter Schriften ein, ohne dass sie so bekannt geworden wäre, wie die Entzifferung der ägyptischen Hieroglyphen durch Jean François Champollion, der persischen Keilschrift durch Georg Friedrich Grotefend oder der akkadisch-babylonischen Keilschrift (*cuneiform*) durch Henry Creswicke Rawlinson und andere. Für die Türken und Mittelasien leistete er dasselbe, nur dass die dortigen Kulturen auf den Europäer bis heute nicht jene Faszination ausgeübt haben, die dem alten Ägypten, dem Reich der Pharaonen, sowie Mesopotamien oder gar Iran, dem Land der Großkönige, schon früh zueigen war. Der Däne Thomsen widmete sich zunächst der Naturwissenschaft, die er studierte, bemerkte jedoch recht bald, dass ihn die geheimnisvolle Welt der so unterschiedlichen Sprachen der Menschheit stärker anzog. Die Anzahl der Sprachen anzuführen, die er erlernte oder mit denen er sich zumindest beschäftigte, wäre zu viel der Mühe. Nur so viel sei gesagt: Immer stärker zogen ihn die Sprachen des Ostens an, zunächst vor allem die slawischen. Schließlich erlernte er das Ungarische, das Türkische und auch das Arabische. Das Ungarische gab zu jener Zeit noch viele Rätsel auf, insbesondere seine vermutete Verwandtschaft mit dem Türkischen. Auch über Steine, die mit »ungarischen Runen« beschriftet waren, wurde unter den Wissenschaftlern diskutiert.

Im Gespräch waren zu jener Zeit aber auch die sogenannten »sibirischen Runen«, für die sich der Nordländer Thomsen zu interessieren begann. Sie waren, wie wir sahen, am Orkhon und am Jenissei entdeckt worden. Niemand konnte wissen, zu welcher Sprache diese fremden Schriftzeichen gehörten, die man deshalb eben als »sibirisch«, das heißt recht allgemein bezeichnete. Die Methode der Entzifferung, die Thomsen nun in den Neunzigerjahren des 19. Jahrhunderts anwendete, folgte dann auf weite Strecken jenen Verfahren, die in der Geschichte der Entschleierung unbekannter Schriften gewissermaßen als klassisch zu gelten hat. Zunächst einmal zählte er die Zeichen – ein Weg, mit dessen Hilfe man feststellen kann, ob es sich um eine Silben- oder Buchstabenschrift handelt, also um ein Alphabet im strengen Sinne. Er kam auf 38 Zeichen, was jedenfalls ein Hinweis darauf war, dass es sich nicht um eine reine Silbenschrift handeln konnte. Dazu wären wenigstens 50 verschiedene Zeichen notwendig gewesen. Als nächstes stellte er fest, dass die Schrift nicht von links nach rechts, sondern umgekehrt von rechts nach links gelesen werden musste, und zwar jeweils in Spalten von oben nach unten. Darin hatte sich Wilhelm Radloff getäuscht, jener großartige russisch-deutsche Turkologe, dem man die Vorarbeiten zu den sibirischen Schriften verdankte, Veröffentlichungen bevor Thomsen publizierte. Als Thomsen daranging, einzelne Worte entschlüsseln zu wollen, kam ihm etwas entgegen, was ebenfalls zum Mechanismus klassischer Entzifferungen gehört: derselbe Text auf der Stele in einer anderen, aber lesbaren Sprache (eine »Bilingue« in der Terminologie der Sprachwissenschaftler), in diesem Fall chinesisch. Ein Wort – und damit vier Buchstaben oder Zeichen, nämlich tä, ng, r und i – hatte der Gelehrte schon herausbekommen – *tängri*, was im Alttürkischen soviel wie »Gott« oder »Himmel« bedeutet. Damit war auch klar, um was für eine Sprache es sich in diesen Inschriften handelte: Türkisch. Auf eine Weise, die darzustellen zu aufwendig wäre, gelang Thomsen anschließend die Entschlüsselung des Namens Kül-tigin (*tekin*), Prinz Kül, was wieder zusätzliche Buchstaben einbrachte. Auch der Auftraggeber dieser Inschrift war damit identifiziert. Schließlich entdeckte er, wieder mit Hilfe des Chinesischen, auch die Bezeichnung *türk*; damit war alles klar.

Im Jahre 1896, ein Jahr nach Radloffs Arbeit, erschien Thomsens Veröffentlichung sämtlicher Texte, die vollständige Entzifferung der türkischen Runenschrift oder des Runen-Türkisch, wie man nun, wissenschaftlich beglaubigt, sagen konnte: »Déchiffrement des inscriptions de l'Orkhon et Jenissei«, Helsingfors 1896, lautet der Titel des Standardwerks. Es war ein Meilenstein in der Geschichte dieser Wissenschaften, vor allem der Turkologie.

Textbeispiele der Orkhon-Runen

Inhaltlich zeigen diese Texte das Selbstlob dessen, der sie einmeißeln ließ, Ereignisse aus der Geschichte der Türken, denen er gebot; schließlich wird auch über das Lebensende der betreffenden Persönlichkeit berichtet. Ich bringe ein Beispiel aus der Stele des Köl Tegin (Prinz Köl), wobei *köl* dem heutigen Wort für See, *göl*, entspricht. Scharlipp weist darauf hin, dass von Beginn an sowohl die Türken als auch die Mongolen ihre Herrscher mit dem Meer oder dem Ozean verglichen; so heißt das mongolische *dschengis*, Bestandteil des Namens von Dschingis Khan, nichts anderes als das türkische *deniz*, *däniz*, eben Meer oder Ozean. Und noch das Oberhaupt der Tibeter, der Dalai Lama, nennt sich in Übersetzung »Ozean des Wissens«. Für Wissen und Weisheit erscheint in den Orkhon-Stelen das Wort *Bilgä*, in Fügungen und Namen wie eben Bilgä Kagan.

26

Auf der Stele heißt es:

> »Ich, der himmelsgleiche, der türkische Bilgä Kagan (weise
> Herrscher), bestieg zu dieser Zeit den Thron. Hört meine Worte
> vom Anfang bis zum Ende, besonders ihr, meine jüngeren Brü-
> der und meine Geschwister, mein Volk und meine Angehörigen;
> erstens ihr, meine jüngeren Brüder und Söhne, meine Angehö-
> rigen, und ihr Herrscher im Süden, Herrscher und Herren im
> Norden … und ihr, Neun-Ogusen-Stämme, Herrscher und Völ-
> ker! Hört diesen meinen Worten gut zu! Ostwärts, wo die Son-
> ne aufgeht, im Süden, wo die Sonne mittags steht, westwärts,
> wo die Sonne untergeht, und im Norden, wo die Mitternacht
> ist, alle Völker innerhalb dieses Bereiches sind mir untertan. So
> viele Völker habe ich gründlich organisiert. Diese Völker erhe-
> ben sich nicht gegen mich. Wenn der türkische Kagan (Khan)
> von den Bergen des Ötükän herrscht, wird es im Reich keine
> Unruhen geben. Ich unternahm Kriegszüge gen Osten, bis zur
> Shan-tung-Ebene, erreichte fast den Ozean. Ich zog südwärts
> bis zu den neun Ärsin (?); fast erreichte ich Tibet … « (Über-
> setzung Scharlipp)

Der Kagan lobt und preist sich und seine Macht allerdings nicht nur
selbst, sondern gedenkt auch seiner Ahnen und ihrer historischen
Leistungen:

> »Als oben der blaue Himmel und darunter die braune Erde
> geschaffen wurde, wurden zwischen den beiden die menschli-
> chen Wesen geschaffen. Meine Vorfahren Bumin Kagan und
> Istämi Kagan wurden zu Herrschern über die menschlichen
> Wesen. Nachdem sie Herrscher geworden waren, organisier-
> ten sie das Land und führten das Land und die Einrichtungen
> des türkischen Volkes. Alle Völkerschaften in den vier Welt-
> gegenden waren ihnen feindlich gesinnt. Sie marschierten mit
> ihren Armeen und besiegten und unterwarfen jene Völker in
> den vier Himmelsrichtungen der Welt. Sie ließen die stolzen
> Feinde sich verbeugen und die machtvollen Feinde nieder-
> knien … Sie waren weise Kagane und mutige Kagane. Auch
> ihre Befehlshaber waren weise und mutig. Beide, die Führer
> und das Volk waren friedlich. Deshalb konnten sie den Staat
> unter Kontrolle halten. Nachdem sie den Staat unter Kontrolle

gebracht hatten, organisierten sie ihn und etablierten Gesetze. Dann starben sie. Zu den Thronfeierlichkeiten kamen aus dem Osten, wo die Sonne aufgeht, die Vertreter des Volkes der Bökli-Ebene, die Chinesen, die Tibeter, die Awaren, die Byzantiner, die Kirgisen, die Üç-Kurigan, die dreißig Tatarenstämme, die Kitan und die Tatabi. So viele Völker kamen, um zu trauern. Solch berühmte Herrscher waren sie gewesen.«

Man sieht, dass das Göktürkenreich zumindest zeitweilig eine wirkliche Macht gewesen ist, die selbst von Chinesen und Byzantinern, zwei Großmächten ihrer Zeit, ernst genommen wurde. Diese Reiche waren gewiss Steppenimperien mit einer nomadischen Struktur, doch gab es – zumal in späteren Zeiten – auch genug Sesshafte, die Landwirtschaft betrieben haben; immer wieder werden die Türken Mittelasiens zum Beispiel auch als geschickte Metallverarbeiter und Schmiede dargestellt. Vor allem bei dem Ergenekon-Mythos (siehe unten) spielt dieses Wissen über Metalle mit hinein. Da bringen die Türken einen Eisenberg zum Schmelzen, um sich zu bewaffnen und um sich zu regenerieren.

In einer seiner Gedichtanthologien, die vornehmlich türkische Liebesgedichte versammelt, hat der in Amerika lebende türkische Literaturwissenschaftler, Übersetzer und Dichter SAID T. HALMAN ein Liebesgedicht eines gewissen APRIN ÇOR TIGIN publiziert, das er dem 6. nachchristlichen Jahrhundert zuschreibt. Falls dies zutreffen sollte, wäre dies das älteste bislang bekanntgewordene Beispiel von Poesie in einer türkischen Sprache überhaupt, wesentlich älter als die Runeninschriften am Orkhon-Fluss. Man müsste wissen, worauf Halman seine frühe Datierung stützt und auf welchem Material es überhaupt überliefert wurde, um genauere Angaben machen zu können.

Das schon verblüffend gefühlvoll und in einem unerwartet individuellen Ton gehaltene Gedicht lautet:

Mein Liebling,
Du Beste von allen,
die ich mit Herz und Seele liebe.
Verzweifelt sehne ich mich nach meiner
Frau,
mit ihren schönen Augenbrauen,
zusammensein will ich mit ihr.

In die tiefsten Gedanken versunken
vermisse ich sie immerdar,
voller Verlangen, sie zu küssen.

Wenn ich sage: Besser wär's ich ginge,
verlassen kann ich dich nicht,
mit der Wunde in deinem Herzen.

Die aktuelle politische Bedeutung der Orkhon-Inschriften

Die Beschäftigung mit den Orkhon-Inschriften (*Orhon abideleri*)
wie mit dem Alttürkischen überhaupt ist für die Türken von heute
kein Thema des alten, überkommenen Urväter-Hausrats, sondern
gesellschaftlich, kulturell und politisch nicht ohne Brisanz. In der
Spätzeit des untergehenden Osmanischen Reiches, erst recht aber
nach Gründung der Republik durch den *Ghazi* (Glaubenskämpfer)
Mustafa Kemal Pascha – seit 1934 offiziell Atatürk genannt – im
Jahre 1923 kam alles echt Türkische (*öz Türkçe*) nicht nur in Mode,
sondern erhielt eine geradezu konstituierende ideologische Bedeutung für die junge Nation. Im jungtürkischen Komitee für Einheit
und Fortschritt (*terakki ve ittihad*) gab es einen pantürkischen,
ja panturanischen Zweig, den der Kriegsminister (*serasker*) und
Schwiegersohn (*damad*) des Sultans, Enver Pascha, repräsentierte.
Nach dem Ende des Ersten Weltkrieges und dem Zusammenbruch
des Osmanischen Reiches fiel Enver nicht von ungefähr in Mittelasien bei Kämpfen an der Spitze türkischer Freischärler in der Nähe
von Fergana als Opfer seiner pantürkischen Gesinnung. Danach
spielte das Türkentum Mittelasiens in jeder Hinsicht eine wichtige
Rolle bei der Herausbildung des Begriffes einer türkischen Nation
(*türk milleti*) und des Türkismus (*türkçülük*). Die hatte es nämlich
gar nicht gegeben zuvor. In osmanischer Zeit zählte nur der Osman-
li, der Angehörige der Pascha- und Effendi-Klasse, während man
unter dem Türken allenfalls den primitiven türkischen Bauern in
Anatolien verstand. »Türk« war geradezu ein Schimpfwort, nun jedoch sollte es gewissermaßen geadelt werden. Schon Ziya Gökalp
(1876–1924), der Dichter und Soziologe, hatte mit seinem grundle-
genden Werk »Türkçülügün Esaslari« (Die Grundlagen des Türkismus) die Abkehr vom Osmanismus gepredigt und die Hinwendung
zum Türkismus und türkischen Nationalismus gefordert. Die neu

geschaffene türkische Nation brauchte eine Identität, einen Gründungsmythos und ein neues Selbstverständnis. So kam es, dass unter Atatürks Führung eine Kulturrevolution bisher ungekannten Ausmaßes in der Türkei ins Werk gesetzt wurde: Kultur, Politik, Staat, Sprache, Religion und Schrift waren davon in eklatanter Weise betroffen. Insbesondere die Revolutionierung von Sprache und Schrift, weg vom Arabischen hin zum Türkischen, bot Anlass, in die Geschichte Mittelasiens zurückzuschweifen, sich an den alten Türken, ihren Sprachen, Dialekten und Gebräuchen zu orientieren. Man kann verstehen, dass gerade die frühen türkischen Schrift- und Literaturdenkmäler dabei eine bedeutende Rolle spielten. Das Studium des Alttürkischen und seiner Varianten konnte dabei helfen, den geradezu überbordenden arabischen und persischen Wortschatz, wo das notwendig war, durch original türkische Wörter zu ersetzen oder das alte Wortgut wenigstens bei der Bildung von Neologismen als Muster heranzuziehen. Doch wurde es darüber hinaus auch populär, sich mit den Sitten und Gebräuchen der frühen Türken in Zentralasien zu befassen, ihre Mythologie eingeschlossen, während man in osmanischer Zeit den Beziehungen der Türken zum Islam weitaus stärkere Bedeutung zugemessen hatte. Autoren wie AHMET HIKMET MÜFTÜOGLU (1870–1927) und andere schrieben Erzählungen über die Türken Mittelasiens, der Dichter ORHAN SEYFI ORHON (1890–1972) gab sich sogar den Familiennamen »Orhon«, das heißt Orkhon nach dem Orkhon-Fluss. Neben den klassischen islamischen Namen wie Ali, Mehmet, Hüseyin, Hasan, Abdullah und anderen, die noch immer beliebt sind, erfreuen sich auch »türkische« Namen wie Alparslan, Ertugrul, Korkut, Istämihan, Bilge, Hakan, die an die alten Helden und Herrscher gemahnen, seit Gründung der Republik großer Beliebtheit. Bis heute werden in der Türkei Anthologien herausgegeben, in denen Autoren jene Frühzeit verherrlichen, den Mythos von Ergenekon oder der Wölfin Asena, in deren Obhut die einstmals geschlagenen türkischen Stämme ihre Kraft regenerierten. Kemal Atatürk förderte das alles, wobei er dieser Entwicklung auch Grenzen zog. So lehnte er alle pantürkistischen Aspirationen radikal ab, während ein anderes Lager, das bis heute existiert, in einen extremen Nationalismus teilweise auch rassistischer Prägung verfiel. Bis heute haben extreme Nationalisten unterschiedlicher Couleur großen Zulauf, nicht zuletzt das Militär und andere staatstragende Elemente huldigen zum Teil einer solchen Denkweise. Insofern ist die Erforschung des alten Türkentums noch immer von großer politischer, nicht allein wissenschaftlicher Relevanz, man muss herausfinden, wie es wirklich war und was nur extremistische Überhöhung und Mythenbildung darstellt, die sich politisch im Sinne eines übersteigerten Nationalismus verheerend auswirken kann.

Die Reiche der Uiguren

Im Jahre 742 wurde das zweite Reich der Göktürken von den Uiguren abgelöst, welche die – gleichfalls türkischen – Stammesverbände der Karluken und Basmil zu Verbündeten hatten. Mit den Uiguren, die nicht erst zu diesem Zeitpunkt in der Geschichte auftauchten, aber nun die Herrschaft über größere Territorien im Osten des vormaligen Göktürken-Gebietes erlangten, tritt ein türkisches »Volk« zum ersten Mal in den Kreis der Hochkulturen ein. Von uigurischen Reichen kann man von diesem Zeitpunkt an bis ungefähr zum Jahre 1209 sprechen, als sich die Uiguren von Chotscho im Turfan-Gebiet den Mongolen unter Führung von Dschingis Khan unterstellten. Sie begehrten damals Schutz vor den mongolischen Kara Kitai. Noch etwas länger bestand das kleinere Uiguren-Reich von Kansu. Selbstverständlich blieben die Uiguren auch nach dem Ende ihrer selbstständigen Herrschaften, die sie von ihrer Hauptstadt Baybalik, dann Kara Balgasun aus ausübten, noch eine Zeit lang äußerst einflussreich, insbesondere – wie wir sehen werden – auf dem Felde der Kultur, vor allem der Schriftkultur. Die mongolische Kultur unter und nach Dschingis Khan ist ohne die uigurischen Einflüsse kaum zu denken; schon lange ist bekannt, dass sich etwa die mongolische Schrift unter dem Einfluss jener Schleifenschrift gebildet hat, welche die Uiguren für ihre – buddhistisch und manichäistisch geprägte – Schriftkultur entwickelt hatten.

Wir können hier nicht die Entwicklung der uigurischen Reiche im Einzelnen nachzeichnen. Besonders aktuelle Bezüge ergeben sich natürlich aus dem für diese Herrschaften charakteristischen Wechselwirkungen mit dem Reich der Mitte, die schon im 7. Jahrhundert nachweisbar sind, als sich die Uiguren für eine Weile den Chinesen unterstellten. Ob in freiwilliger oder erzwungener Symbiose oder auch in Gegnerschaft – China ist bis heute so etwas wie das übermächtige Schicksal dieses türkischen Volkes wie auch anderer Völker, die unter seiner Suprematie waren und sind. Dies reicht von jenen fernen Tagen bis in unsere Zeit, da das zur Weltmacht aufstrebende China über den größten Teil der Uiguren herrscht und deren – heute muslimische – Kultur bedroht erscheint.

Die mittelalterliche Blüte der Uiguren ist im Gebiet der Turfan-Oasen, im Tarim-Becken und bis hinein in das chinesische Kansu zu beobachten. Es ist die östliche Region der Seidenstraße, die für viele Jahrhunderte die verkehrsmäßige Verbindung zwischen dem Reich der Mitte, Europa und den Ländern des Orients darstellte und für ein Aufblühen der Kultur sorgte. Die Uiguren flüchteten sich in diese Oasen, nachdem ihr erstes Reich um 840 von den Kirgisen zerstört worden war. Unter BÖGÜ KHAN hatten sie die »Religion des Lichts«, den persischen Manichäismus, angenommen – was offenbar nicht ohne gewaltsame Unterdrückung der zuvor gehegten schamanistischen Lehren, Sitten und Gebräuche möglich war.

Im Rahmen der Turkologie spricht man seit Beginn des 20. Jahrhunderts von einer speziellen Turfan-Forschung, die sich besonders mit den Kultur- und Schriftdenkmälern der Uiguren jener Region befasst. Es sind die Relikte einer sesshaft gewordenen türkischen Kultur, denn Zentren waren die Siedlungen in den Wüstenoasen, wie Chotscho und andere; das wichtigste Zentrum dieses zweiten Uiguren-Reiches war Chotscho. Ein Teil der Funde wurde auch in Höhlen gemacht, deren bekannteste wohl die von Bäzäklik mit ihren staunenswerten Fresken ist. Solche Wandgemälde und Handschriften zeugen von der großartigen Kultur der Uiguren.

Die Turfan-Forschung über die Uiguren verdankt sich zum nicht geringen Teil den Erfahrungen und Erkenntnissen von Forschungsreisenden, die diesen uralten Kulturraum durchstreiften und seine Denkmäler – von Bauresten angefangen bis zu Handschriften – für die Nachwelt registrierten, sammelten und beschrieben. Hatte es ein Sven Hedin noch mehr auf Geografie und Landeskunde, nur am Rande auf archäologische Befunde abgesehen, so wanderte Albert von Le Coq zu Beginn des 20. Jahrhunderts auf griechisch-hellenistischen Spuren in Turfan. Bahnbrechende Arbeiten wurden von Sir Aurel Stein geleistet, doch ebenso von dem Franzosen Paul Pelliot und dem Grafen Otani, einem Japaner – keineswegs nur in Bezug auf die türkischen kulturellen Äußerungen. Vieles verdankten die Uiguren dieser Region wohl auch den iranischen Sogdiern und Tocharern, die auch Manichäer oder Buddhisten waren, hier und da auch Nestorianer. Von ihrem Einfluss zeugen iranische Lehnwörter in den alttürkischen Inschriften. Die Turfan-Oasen, des Weiteren die Region zwischen Kaschgar und Dunhuang, wurden so etwas wie ein kultureller Schmelztiegel. »Kunst und Literatur erfuhren reiche Förderung durch das Königshaus und wohlhabende Laien, wie die Wandmalereien und Handschriften bezeugen, die man in großer Zahl in Turfan fand«, schreibt ein Kenner (Klimkeit, 1988).

Das uigurische Schrifttum: Gattungen und Arten

Literatur der Uiguren ist in großer Menge überliefert. Hauptsächlich handelt es sich um Traktate religiösen Inhalts, unter denen die Übersetzungen aus anderen Sprachen in das Uigurische überwiegen. Dabei wiederum stellen buddhistische Abhandlungen den Löwenanteil. Übersetzungen wurden vorgenommen aus dem Chinesischen, Tibetischen, Sogdischen, wobei iranische Sogdier, nicht allein Uiguren an diesen Arbeiten beteiligt gewesen sind. Ein kleinerer Teil des Schrifttums ist dem Manichäismus gewidmet, jener extrem dualistischen, synkretistischen Religion, die nach der Eroberung des Iraks und Irans durch den gewaltig expandierenden Islam in Mittelasien für Jahrhunderte eine neue Heimat im Osten, aber auch auf europäischem Boden fand. Über manichäische Priester, die sogenannten *electi* oder Auserwählten, war diese Lehre nach Zentralasien gelangt. Auch christlich-nestorianische Texte liegen vor.

Viele dieser Literaturdenkmäler sind in der charakteristischen uigurischen Schrift überliefert, die sich möglicherweise aus der syrischen (*syriac*) Schrift herausentwickelt hat. Andere wurden in manichäischer Schrift verfasst. Darüber hinaus wurde in Mittelasien zu jener Zeit auch die sogdische Schrift verwendet sowie die Brahmi-Schrift, die ihren Ursprung in Indien hat.

Doch neben religiösen Abhandlungen, zu denen buddhistische Grundschriften sowohl des Hinayana als auch des Mahayana gehören, sind auch originale Dichtungen der Uiguren überliefert, etwa Hymnen auf den Religionsstifter Mani. Annemarie von Gabain und nach ihr etliche andere Gelehrte, wie P. Zieme, haben alttürkische und uigurische Literatur zusammengetragen und übersetzt, ein repräsentativer Teil davon ist in den »Philologiae Turcicae Fundamenta, Teil II« versammelt. Ein Beispiel dafür ist folgender Hymnus auf Mani:

»O Hoffnung aller fünf Existenzen,
des edlen Jesus Wurzel-Lehre.
Du mein ehrfürchtig zu verehrender,
verehrungswürdiger, ruhmreicher Vater, mein
Buddha,
Mani!

Wir haben uns bereit gemacht,
Dich demütigen Herzens zu verehren.
Nimm jetzt, o Hoffnung und Zuflucht,
Die Verehrung aller entgegen.

Wir verneigen uns vor Dir
Mit einem Glauben aus Herzens Tiefe.
Möge er rein werden bei jeder Verneigung!

Derartig, ständig und immerfort
Im Staub und Schmutz des Vergessens
Der Wiedergeburten versunken
Waren sie stets von Sinnen.
Als sie durch Gier-Leidenschaft vergiftet
Verderbend zugrunde gingen,
Hast Du aus dem Heilkraut der »Sammlung«
Für sie ein Heilmittel gemacht.

Durch Zornes-Leidenschaft toll geworden
Waren sie ohne Sinn und Verstand.
Da hast Du ihnen ihre Herkunft erklärt
Und hast ihre Sinne gesammelt.

Die Lebewesen in den fünf Existenzformen
Hast Du von Unwissenheit geschieden.
In der Weisheit hast Du sie eingerichtet,
Am Parinirvana hast Du sie teilnehmen lassen.

Großer Hass und ferner
Zahlreiche andere Leidenschaften
Hatten die Lebewesen beunruhigt,
ihren Sinn und Verstand verwirrend.

Wir hoffnungslosen, elenden Wesen
Blieben im kreisenden Samsara
Ohne das Ende Deines Pfades zu finden.

Die Weisheitsleiter hast Du aufgestellt,
Du ließest uns die fünf Existenzformen
bezwingen
Und hast uns erlöst.

(in: Scharlipp, nach Klimkeit)

Dieser Hymnus auf Mani zeigt eine interessante Vermischung von manichäischen und buddhistischen Elementen, wie sie für diese synkretistische Religion ohnehin charakteristisch ist. Mani ist derjenige, der wie Buddha den Menschen, die in Finsternis und Unwissenheit leben, den Erlösungsweg aus der Triebstruktur heraus – den fünf Existenzformen der Sinne – durch Erkenntnis und kontemplative Sammlung weist.

In ihrer »Alttürkischen Grammatik« hat Annemarie von Gabain, die *grande dame* der deutschen Turkologie, eine Blütenlese alttürkischer Texte zu Studienzwecken veröffentlicht, die etliche literarische Genres umfasst. Ausführliche Beispiele türkischer Literaturen aus unterschiedlichen Epochen bringt, wie schon erwähnt wurde, der zweite Band des Standardwerkes »Philologiae Turcicae Fundamenta«, der allein den türkischen Literaturen gewidmet ist.

Die manichäischen und buddhistischen Kulturdenkmäler
Höhepunkte der Kultur an der Seidenstraße

Im Zusammenhang mit dem Studium der gnostischen Religiosität, die in fast allen bedeutenden Religionen und Glaubenssystemen in irgendeiner Weise vorkommt, haben die uigurischen Türken viel zu bieten. Wir haben schon darauf hingewiesen, dass der Manichäismus, von dem Perser Mani gestiftet, seinen Ursprung im Irak hatte, wo der Prediger unter dem Herrscher Schahpur I. seinen größten Einfluss entfaltete, bevor er in Ungnade fiel und wohl auf unnatürliche Weise ums Leben kam. Mani schöpfte aus iranischen, sprich zarathustrischen Quellen, aber auch aus buddhistischen und christlichen, wohl auch apokryphen, die in den ersten Jahrhunderten nach der Kreuzigung Jesu im Umlauf waren. Es gibt eine Auffassung, die dazu neigt, die sogenannte Gnosis (Erlösung durch spirituelle Erkenntnis) als eine rein frühchristliche Ausformung der Lehre Jesu zu beschreiben, die im Johannesevangelium ihre (noch maßvollen) Spuren hinterlassen habe, bevor sie vorübergehend zu einer antiken »Weltreligion« wurde. Mani schuf den nach ihm benannten Manichäismus aus diesem Material sowie aus Kenntnissen, die er über den Buddhismus erlangt hatte.

Der strenge Dualismus der Gnostiker und Manichäer überdauerte etliche Jahrhunderte in der Region, in der er entstanden war – bis zur Entstehung und Ausbreitung des Islams. Vor allem die Dualisten im Zweistromland (*al-Iraq*), deren Gebiete die Muslime schon wenige Jahre nach dem Tode des Propheten Mohammed 632 n. Chr. eroberten und ihrem expandierenden Reich einverleibten, gerieten mehr und mehr unter den Bannstrahl der neuen Religion, die sich einem radikalen Monotheismus verschrieben hatte. Dualistisches Denken erhielt sich, zumal unter Persern oder Muslimen persischen Ursprungs, noch recht lange; später drang dualistisches Gedankengut sogar in manche Formen vornehmlich des schiitischen Islams ein – ohne dass dies im Einzelfall noch bewusst gewesen wäre. Doch insgesamt wurden Gnostiker und Manichäer aus der Ursprungsregion vertrieben und fanden in anderen Weltgegenden Zuflucht, unter anderem eben auch in Mittelasien unter den Uiguren.

Die Entdeckungen der manichäischen wie der buddhistischen Kunstwerke entlang der Seidenstraße zu Anfang des 20. Jahrhunderts durch europäische Forscher und Reisende hat diese türkische Kultur breiteren Kreisen bekannt gemacht, ihre Objekte auch vom Ursprungsort entfernt und einen Teil von ihnen in die Museen Europas gebracht. Dies gilt nicht nur für die hellenistischen Funde im Turfan-Gebiet, sondern auch für die aus derselben Region kommenden manichäischen und buddhistischen Kunstwerke der Türken, Höhlenmalereien und/oder Handschriften aus Bäzäklik. Die verdienstvollen Ausgrabungen der europäischen Archäologen in jener Region waren gepaart mit der zur damaligen Zeit selbstverständlichen Auffassung, dass man das Gefundene am besten in die eigenen Länder transportieren dürfe, ja müsse; nicht zuletzt um sie zu retten, vor dem Zahn der Zeit einerseits und dem Unverstand und Nichtwissen der Menge andererseits. Für diese Argumentation spricht manches, auch wenn man die Dinge heute etwas anders sieht.

Aus kunsthistorischer Sicht liegt der Schwerpunkt der uigurisch-türkischen Kultur bei den Höhlenmalereien und Handschriften aus den Turfan-Oasen. Auf die Übertragung wichtiger Sutren des Pali-Kanons der Buddhisten wurde schon hingewiesen, wie auch auf Texte manichäischen Inhalts. Figürliche Darstellungen zeigen nicht nur Asketen, sondern auch manichäische *electi*. Leider ist zu beobachten, dass der Zahn der Zeit – gerade auch angesichts des trockenen Klimas der Turfan-Senke – diesen Kunstwerken weniger zusetzte als der Mutwille der Menschen.

Neu-uigurische Literatur und ihre Autoren

Nachdem die uigurische Herrschaft durch andere Dynastien abgelöst worden war, bedeutete dies jedoch keineswegs das Ende für die Kultur der Uiguren. Als die mit Abstand gebildetsten Leute in der Region errangen sie bei Hofe als Schreiber und Kanzlisten im »zentralasiatischen Mittelalter« wichtige Posten. Zu Zeiten Dschingis Khans und seiner Nachfolger stand alles Uigurische hoch im Kurs. Noch die modernen Uiguren in Singkiang und ihren anderen Siedlungsgebieten in China sowie im übrigen Zentralasien sind stolz auf diese intellektuelle Tradition, die sie heute in einer Sprache pflegen, die allgemein Neu-Uigurisch genannt wird. Allzu viel ist über die neu-uigurische Literatur allerdings nicht bekannt.

In der gegenwärtigen Auseinandersetzung mit dem übermächtigen China besinnen sich die Uiguren Singkiangs jedenfalls verstärkt auf ihre uralte Vergangenheit. Zwar sind die Uiguren, die heutzutage das Neu-Uigurische schreiben und sprechen, Muslime, doch im Zusammenhang mit der Suche nach einer kraftvolleren, widerständigeren Identität treten bei ihnen auch mehr und mehr die alten buddhistischen und vorislamischen Traditionen in das Blickfeld der Aufmerksamkeit.

Nähe und Übermacht Chinas bilden dabei seit vielen Jahrhunderten den wichtigsten Parameter der uigurischen Geschichte und Kultur. Es ist nicht so, dass erst unter den chinesischen Kommunisten eine Politik der Dominanz gegenüber dieser Minderheit eingeleitet worden wäre. Ein Stichdatum für diesen Prozess ist das Jahr 1876, als die Mandschu-Dynastie Ostturkestan angriff und das Gebiet dem chinesischen Reich unter dem Namen Xinijang (Neues Grenzland) endgültig einverleibte. Dies geschah amtlich am 18. November 1884, nachdem man den Aufstand des Yakub Beg und der Dunganen, der mongolischen Muslime, endgültig niedergekämpft hatte. Doch die Uiguren blieben unruhig. Die revolutionären Wirren in China führten im Jahre 1911 zum Sturz der Mandschu-Dynastie durch die Nationalchinesen. Der Politiker Sun Yat-Sen gestand den Uiguren, wie anderen Minderheiten, das Recht auf Selbstbestimmung zu, doch seine Nachfolger ignorierten dies. Die Uiguren versuchten mit Hilfe von Aufständen, ihre Heimat von der chinesischen Fremdherrschaft zu befreien, was ihnen zwei Mal kurzfristig gelang: 1933 und 1944. Doch mit dem Sieg der chinesischen Kommunisten über die Nationalchinesen wurde Ostturkestan abermals dem chinesischen Reich inkorporiert. Es kam zu einer umfangreichen Fluchtbewegung in die angrenzenden Gebiete, und heutzutage leben Uiguren sogar im Vorderen Orient (Türkei), in Amerika und Europa. Man schätzt ihre Zahl auf etwa 50 000.

Eine kulturelle Selbstbehauptung der Uiguren ist heute nur über Sprache, Literatur und Wissenschaft möglich. Politisch oder gar militärisch sind sie ohnmächtig. Da dies auch die Chinesen wissen, setzen sie an dieser Stelle den Hebel an. Wer heute nach Kaschgar reist, findet dort zwar Publikationen in Neu-Ugurisch vor, doch bekommt er dadurch keinen Einblick in die wahren Verhältnisse, die ziemlich restriktiv sind. Zwar erhalten uigurische Kinder auf den Schulen in den ersten Jahren muttersprachlichen Unterricht, und natürlich erscheinen Bücher und Zeitschriften in neu-uigurischer Sprache, doch geschieht dies alles unter den eifersüchtigen Augen chinesischer Kulturwächter, die ansonsten gehalten sind, den kulturellen Selbsterhaltungswillen im Sinne der Ideologie von der »einen Nation« zu kanalisieren. Ein Übriges bewirkt der von Peking gewollte massenhafte Zuzug von Han-Chinesen und sein Einfluss. Auch bleibt die Globalisierung, die ja China längst erreicht hat, nicht ohne ihre gleichmacherische Wirkung auf die Uiguren. Rebiya Kadeer, die selbst mit einem Literaten, Sidik Rouzi Kadeer, verheiratet ist, beschreibt die teilweise subtilen Mechanismen der Unterdrückung:

Große Gefahr droht der uigurischen Kultur durch Pläne der Zentralregierung, die Altstadt von Kaschgar zu 85 Prozent abzureißen und durch moderne Häuser zu ersetzen. Diese seien, so argumentiert man in Peking, erdbebensicherer als die alten aus getrocknetem Lehm und Holz errichteten Häuser. Mit den Abrissarbeiten hat man zum Teil schon begonnen, die verbleibenden 15 Prozent sollen als *touristic site* erhalten bleiben und internationale Besucher anlocken.

Wie dieses Ensemble eines Tages aussehen könnte, davon kann man sich an vergleichbaren Plätzen schon einen niederschmetternden Eindruck machen. Schon ist die bekannte Chanlik Medrese der Spitzhacke zum Opfer gefallen, Schlimmes steht zu befürchten für das »Kairo des Ostens«, wie man Kaschgar früher einmal genannt hat. Die Stadt hat übrigens frühere Erdbeben gut überstanden, sonst existierte sie ja nicht mehr; und häufig besser als moderne Städte. Es geht den Han-Chinesen auch gar nicht darum, sondern in erster Linie um einen Schlag mitten ins Zentrum der uigurischen Kultur. Wie die Tibeter bemühen sich nun auch Exil-Uiguren verstärkt darum, im Ausland wahrgenommen zu werden. Das gelingt ihnen heute besser als früher. Lange Jahre lebte Isa Yusuf Alptekin (1901–1995), der charismatische Führer der Uiguren, nach seiner Vertreibung und Flucht aus Ostturkestan in Istanbul, ohne dass man im Westen von ihm in ähnlicher Weise Notiz genommen hätte wie etwa vom Dalai Lama. Und noch etwas anderes kommt hinzu, worauf wir später im Zusammenhang mit der kasachischen Literatur noch einmal zu sprechen kommen werden: Das Gebiet der Uiguren, vor allem der Osten, die Region Lop Nor, wurde von den Chinesen fast dreißig Jahre lang als vorgeblich menschenleeres Gebiet für die Atombombenversuche ausgewählt. Bis heute weiß niemand genau, wie viele Menschen unmittelbar Opfer dieser Versuche wurden oder an den Langzeitfolgen gestorben sind. Erst 1996 stellte man diese Atomtests ein.

Zu den großartigen Errungenschaften uigurischer Geschichte und Geistesgeschichte gehört das 1998 erschienene Buch »Die Geschichte des Uigurischen Imperiums«. Der Autor, Kasym Massimi, lebt bezeichnenderweise in Almaty, denn in Kaschgar oder Urumtschi (Ürümqi) könnte ein solches Werk heute nicht erscheinen, es sei denn im Untergrund. Hitzer nennt dieses Buch das Lebenswerk des Autors, der darin die Geschichte seines Volkes bis in die vorchristliche, »hunnische« Zeit verfolgt, das heißt bis in das 3. Jahrhundert vor Christus. Der enzyklopädische Charakter dieses Werkes ist nichts anderes als das unverlierbare kulturelle Gedächtnis des uigurischen Volkes.

Im 19. und 20. Jahrhundert haben sich einige neu-uigurische Autoren in ihrem Volk einen Namen gemacht, die wir an dieser Stelle erwähnen und unter thematischen Gesichtspunkten einordnen wollen. In unseren kulturellen Breiten ist viel zu wenig bekannt, wie sehr die Türken und Muslime Singkiangs auch ein Opfer der militärischen Großmachtpolitik Pekings geworden sind. Noch heute leiden in diesen Regionen viele Menschen an den Nachwirkungen der chinesischen Atomversuche, die in diesen scheinbar so entlegenen, gering bevölkerten Gebieten des riesigen Reiches durchgeführt wurden. Wir werden später bei der Darstellung der Verhältnisse in den weiter westlich gelegenen Gebieten Zentralasiens auf die gleiche Problematik stoßen; dort waren die Russen die Urheber der Verseuchung, etwa im Osten Kasachstans. Es versteht sich, dass die Autoren Ostturkestans die Leiden ihres Volkes durch diese Eingriffe in ihre bis dahin weitgehend intakte natürliche Umwelt zum Thema literarischer Werke gemacht haben. Es ist bemerkenswert, dass in einer aus europäischem Blickwinkel so entlgenen Region wie Ostturkestan schon relativ früh Impulse für ein Umweltbewusstsein gekommen sind.

Als den Pionier ihrer neueren Literatur verehren die Uiguren Abdulkadir Binni Abdulvaris Kaşgari. Er lebte von 1862 bis 1923, also in einer Epoche, die von enormen politischen wie gesellschaftlichen Umbrüchen gekennzeichnet war. Er wirkte in Kaschgar und kann als der wichtigste Vorkämpfer des Dschadidismus (siehe unten) in Ostturkestan angesehen werden, einer Erneuerungsbewegung, die sich eine Renaissance des Türkentums, einen modernisierten Islam und eine säkularistische politische Fortentwicklung der Völker auf ihre Fahnen geschrieben hatte. Kaşgari war Dichter und Gelehrter. Doch lag ihm vor allem die Volksbildung am Herzen, die Gedanken der Aufklärung. So verwundert es nicht, dass er in Kaschgar im Jahre 1910 die »Matbaa-yi nur«, die »Druckerei« oder den »Verlag des Lichts« gründete, nicht zuletzt, um die eigenen Schulbücher zu verbreiten, die er in uigurischer Sprache entworfen hatte. Im Jahre 1923 fand er bei Kämpfen ein gewaltsames Ende. Neben seinen Lehrbüchern verfasste er auch Werke stärker literarischen Charakters, so etwa das Buch »Schlüssel zur Literatur« (*Edebiyatin anahtarlari*).

Ganz ins 20. Jahrhundert gehört der aus Urumtschi stammende Imin Tursun, geboren 1925 als Sohn einer Handwerkerfamilie, der zunächst die traditionelle Ausbildung in der Koranschule (*Khuttab*) genoss, anschließend dann Arabisch und Persisch lernte. Später besuchte er chinesische und russische Schulen und wurde mit westlicher Literatur bekannt. Mit etwa dreizehn Jahren schuf er sein erstes Gedicht, eine Tatsache, die in Europa mehr Erstaunen hervorruft als in der orientalischen Welt, wo derlei häufiger vorkommt. In den vierziger Jahren begann Tursun als Lehrer zu arbeiten, zuerst in einer Grundschule, später dann als Dozent am Pädagogischen Institut seiner Heimatstadt. Es war die Zeit der militärischen und politischen Auseinandersetzungen zwischen den von Mao Tse-tung geführten chinesischen Kommunisten und der Nationalbewegung der Kuo min-tang, die von Tsching kai-schek angeführt wurde. Die Nationalisten setzten ihn vorübergehend gefangen und folterten ihn. Doch gleichzeitig waren die Vierzigerjahre seine schöpferischste Zeit als Dichter. Es entstanden Poeme, die von den Uiguren noch heute geschätzt werden. Er verwendete da den *mahlas* (Dichternamen) »Devrani«, was man etwa übersetzen könnte mit »Der Neuerer« oder »Der Revolutionär«. Wegen des politischen Druckes der Chinesen widmete sich Tursun viele Jahre wissenschaftlichen Arbeiten oder er betätigte sich als Übersetzer. Er gab klassische Werke der uigurischen Dichtung heraus und war an einer Übetragung des »Divânü Lugât it Türk« des Kaşgarli Mahmud ins Uigurische beteiligt, das heißt eines Werkes, das als sprachlich-literarische Grundlage des gesamten türkischen Kulturkosmos angesehen werden kann. Als sein bekanntestes Gedicht gilt »Keldi noruz küldi gunce« – Es kam das neue Jahr, es lächelte die Knospe.

Als einen weiteren Großen ihrer modernen Literatur verehren die Ostturkestaner TEYIPCAN ELIYOV, der von 1930 bis 1989 lebte. Er wurde in einer Ortschaft im Tal des Ili-Flusses in eine religiöse Familie hineingeboren und leitete schon mit knapp zwanzig Jahren eine Zeitschrift. Nach der Besetzung Singkiangs durch die Rotchinesen, das heißt seit etwa 1950, hatte er verschiedene Ämter in der Kulturbürokratie inne. Unter anderem war er auch stellvertretender Vorsitzender des Schriftstellerverbandes. In den vierzig Jahren seiner Dichterlaufbahn verfasste Eliyov mehr als tausend Gedichte, darunter kurze Vierzeiler, aber auch Epen. Ein Teil seiner Werke wurde ins Chinesische übersetzt, so etwa sein Poem »Tinçlik nahşisi« (Friedenslied) schon im Jahre 1956. Später erschienen Werke von ihm in einer chinesischen Anthologie, die besonders die Literatur der Minderheiten würdigte. Ein Teil seiner Dichtungen wurde darüber hinaus in andere Nachbarsprachen, wie das Kasachische, Mongolische und Tibetische, übertragen. Uigurische Selbstbehauptung und lyrische Stimmungen, Liebe oder Frühling, sind die wichtigsten Kennzeichen von Eliyovs Dichtungen. Auch im Russischen, Englischen und Französischen fanden einige seiner Gedichte Einzug.

Die Bewahrung des islamischen Erbes

Die islamische Prägung der Uiguren ist seit fast tausend Jahren das wichtigste Merkmal ihrer Kultur. Sie nahmen die Religion Mohammeds an als Glied einer Kette, welche die nahöstlichen Muslime schon wenige Jahre nach dem Tode ihres Propheten zu schmieden begonnen hatten. Man nennt dies die Epoche der *futuhât*, der großen »Öffnungen«, sprich Eroberungen, im Zeichen des Korans. Mittelasien war dieser Eroberungswelle mit annähernd der gleichen Intensität ausgesetzt, wie die übrigen Regionen, die von den Muslimen für den neuen Glauben geöffnet wurden: Nordafrika, Spanien und andere Teile Asiens. Wenn sich die Uiguren heute gegen die Herrschaft der Han-Chinesen auflehnen, dann hat dies nicht allein politische Gründe. Sie fürchten vielmehr auch den allmählich-schleichenden Verlust ihrer im Islam wurzelnden türkischen Kultur. Auch hier wird deutlich, dass der Islam eben nicht nur eine Religion mit irgendwelchen Dogmen und Glaubensüberzeugungen ist, auch nicht ein Ritus allein, sondern eine Lebensform, die ihrerseits von der Lebensform der Chinesen bedroht wird, sich andererseits auch mit den Lebensformen der globalisierten Moderne auseinandersetzen muss.

Die Islamisierung der zentralasiatischen Türken

Der Siegeszug der Muslime in Mittelasien

Bis heute gehört die rasche Ausbreitung des Islams nach dem Tode des Propheten Mohammed im Jahre 632 nach Christus zu den erstaunlichsten Ereignissen der Weltgeschichte. Schon wenige Jahrzehnte nach diesem Ereignis reichte der Arm der Muslime nach den Eroberungen durch QUTAIBA IBN MUSLIM und andere bis weit nach Mittelasien hinein, die Muslime überrannten den Irak, Iran, Chorassan und Baktrien, Sogdien und Tocharistan, bis ihre Expansion zunächst zum Stehen kam. Damit war bereits ein großer Teil des mittelasiatischen Kernraumes für den Islam gewonnen.

Im nächsten Kapitel werden wir auf das imperialistische Vordringen der Russen nach Osten, nach Mittelasien hinein, eingehen und dessen zwiespältige Folgen für die betroffenen (türkischen, mongolischen und iranischen) Völker thematisieren. Die Fairness gebietet es, auch das Ausgreifen des Islams auf die anderen Kontinente unmittelbar nach Mohammeds Tod in diesem Kontext zu sehen. Natürlich war dies ebenfalls eine Form der imperialen Ausdehnung – mögen die Muslime darauf auch stolz sein. Doch Imperialismus bleibt Imperialismus, mit allen historischen wie moralischen Fragwürdigkeiten, die dazugehören. Ein einseitig moralisierender Ansatz allein – dies ist die Lehre all dessen – vermag die Geschichte nicht wirklich zu verstehen, sondern verbleibt im Bereich des bloßen Moralisierens. Ein kritischer und selbstkritischer Umgang mit sich und anderen gehört allerdings zur Geschichtsbetrachtung und -deutung immer dazu.

Aus der »arabischen Keimzelle« entwickelten sich zunächst die Herrschaft der Omajjaden von Damaskus (das Arabische Reich, wie Julius Wellhausen es genannt hat), die sich bis nach Spanien und weit nach Asien hin ausdehnte, dann diejenige der Abbasiden von Bagdad. Deren Auflösung durch partikulare Interessen und örtliche Dynastien, schließlich die Zerstörung durch die Mongolen änderte nichts an der Existenz und Fortexsistenz eines großflächigen islamischen Wirtschafts- und Kulturraumes, der seine Wirkung weiterhin entfaltete, obzwar der Mongolensturm auch viele Kulturgüter vernichtete.

Besonders unter den Türken, deren Islamisierung hier nur ganz summarisch dargestellt werden soll, lassen sich zwei »Richtungen« der Islamisierung herausarbeiten: eine west-östliche und eine ost-westliche.

Die west-östliche wurde im Anschluss an die ersten Eroberungswellen verstetigt, als im 8. Jahrhundert die Muslime beim Flusstal des Talas (heute Kirgisien) zwischen 744 und 751 entscheidende Schlachten gewonnen hatten. Von diesem Zeitpunkt an begann sich der Islam immer weiter nach Osten auszudehnen. In einem Jahrhunderte währenden Prozess wurden die Türken Mittelasiens mehr oder minder muslimisch, die alten Kulturländer im Zentrum wurden recht bald auch zu Zentren islamischen Glaubens und Lebens, während sich an deren Rändern, in den Steppenregionen, der Glaube des Propheten oberflächlicher und auch langsamer durchsetzte. Es dauerte bis etwa zur Jahrtausendwende, bis die türkischen Karluken (in den arabischen Quellen Charliq) den Islam annahmen und mit den Karakhaniden von Balasagun und Kaschgar die erste muslimische Dynastie unter den Türken in Mittelasien bildeten. Unter den Nomaden der kirgisischen Berge, des Altai und der Kasachensteppe währte es lange, bis die letzten Stämme zum Islam bekehrt waren, unter den Kasachen sogar bis in das 19. Jahrhundert hinein. Die Uiguren sind wohl endgültig seit dem 14. Jahrhundert als Muslime anzusehen.

In ganz Mittelasien, nicht nur bei den Türken, genießt ein Mann bis heute höchstes Ansehen, der den Islam indessen mit friedlichen Mitteln verbreiten half. Es war der *Sufi* (Mystiker) Ahmet Yesevi, der auch in der türkischen Literatur nicht allein Zentralasiens eine Rolle spielte, denn sein Werk »Divân-i Hikmet« (Sammlung der Weisheit) erreichte eine ungeheure Popularität, die bis heute fortdauert. Yesevi ist der erste große Sufi-Poet der Türken, der die Lehren des *tasavvuf,* der islamischen inneren Beschaulichkeit, im 12. Jahrhundert in volksnahen Gedichten im silbenzählenden Versmaß (*hece vezni*) unter die Leute brachte. Ahmet Yesevi ist wohl im Jahre 1166 gestorben; seine *türbe* (Grabstatt) wird bis heute von den Muslimen Mittelasiens in der Stadt Turkestan im heutigen Kasachstan als Heiligtum und Pilgerstätte verehrt. Die geografische und geistige »Durchlässigkeit« der islamisch-universalistischen Kultur führte dazu, dass schon wenige Generationen später die Verse Yesevis von anderen Sufi-Dichtern, etwa Anatoliens, aufgegriffen und als Vorbilder verwendet werden konnten. Zum Beispiel bei Yunus

EMRE, dem bis heute großartigsten mystischen Volksdichter Anatoliens im beginnenden 13. Jahrhundert. Emre, der im Jahre 1320 starb, beherrschte zwar auch die höfischen Formen des Dichtens, das heißt die arabisch-persischen Versformen und deren Prosodie (*aruz*), war jedoch vor allem auch ein Meister des silbenzählenden, volkstümlichen Metrums. Als solcher wirkt er bis in die Moderne, nicht wenige zeitgenössische Poeten haben sich von Yunus inspirieren lassen.

Der Islamisierungsweg der Türken von Osten nach Westen wurde schon früher beschritten. Bereits auf dem Höhepunkt der Abbasiden-Herrschaft von Bagdad (750–1258) betätigten sich zum Islam übergetretene türkische Krieger als Palastwachen und Sicherheitskräfte. Diese türkischen Garden wurden schon im 9. Jahrhundert in Bagdad so einflussreich, bisweilen sogar bedrohlich, dass der Kalif die Hauptstadt vorübergehend, für etwas mehr als ein halbes Jahrhundert nach Samarra an den Oberlauf des Tigris verlegte, um vor ihnen sicher zu sein. Sie hatten sich mehr und mehr zu einem Staat im Staate entwickelt. Unter den türkischen Ogusen-Stämmen in der Region des Oxus war der Clan der Seldschuken zum Islam übergetreten und – im buchstäblichen Sinne – in Bewegung geraten. Die Seldschuken schafften es unter Togril Beg und Alparslan, in kurzer Zeit zu Herrschern über den halben islamischen Orient zu werden. Sie ergriffen im Irak und in Iran die Macht, drängten jedoch auch mächtig noch weiter nach Westen vor. Unter Alparslan besiegten sie bei Malazgird (Mantzikert) im Osten Anatoliens nördlich des Van-Sees im Jahre 1071 den byzantinischen Kaiser Romanos Diogenes, womit eine allmähliche Türkisierung und Islamisierung Kleinasiens begann – in steter Auseinandersetzung mit den Byzantinern. Das Byzantinische Reich schmolz mehr und mehr zusammen, schließlich setzten sich die Seldschuken von Rum (Byzanz) – wie man sie im Unterschied zu den »Groß-Seldschuken« in Persien nannte – im anatolischen Konya fest, das sie zu ihrer Hauptstadt machten. Diese Stadt, das antike Ikonium, bauten sie prunkvoll aus, errichteten Moscheen, Medresen (so die allseits berühmte Büyük Karatay-Schule), Bäder und Paläste, die noch heute als Kleinodien islamischer Baukunst in der Türkei bestaunt werden können. Obwohl Türken, übernahmen die Seldschuken auf weite Strecken die übermächtige persische Kultur, vor allem auch sprachlich. Persisch war in Konya die Sprache des Hofes, womit die Seldschuken keineswegs allein standen. Neben dem Arabischen war das Persische zu jener Zeit die Sprache der höfischen Bildung (*adab*), vor allem auch der gehobenen Dichtung (*divan edebiyati*) und ihrer Gattungen geworden. Die rein türkische Sprache, auch in Bezug auf Dichtung und Literatur, hielt sich stärker in nomadischen Milieus, die dem jeweiligen Hof ferner standen. Dieses nomadische, später auch kleinstädtische Milieu wurde stark von gewissen Formen der islamischen Volksfrömmigkeit und Volksmystik geprägt, die ihren Niederschlag in der formal einfachen türkischen Volksdichtung fanden, die in der Türkei bis heute populär ist, aber auch bei anderen Turkvölkern immer lebendig blieb. In den türkischen Literaturen zwischen dem Osmanischen Reich im Westen und dem Baikal-See sowie dem Altai im Osten haben zu allen Zeiten durch das Land ziehende dichtende Barden eine wichtige Rolle gespielt, auf die in späteren Kapiteln noch Bezug genommen wird..

Die Rum-Seldschuken unterlagen ihrerseits in der Mitte des 13. Jahrhunderts den Mongolen, die seit den Heerzügen von Dschingis Khan über Generationen hinweg die – meist kriegerischen – Geschicke des Orients bestimmten. Nach ihrem Fall begann in Kleinasien der unaufhaltsame Aufstieg der Osmanen, deren um 1300 gegründetes Reich sich schließlich zu einem Weltreich auswuchs und bis zum Ersten Weltkrieg Bestand hatte. Im Jahre 1258 vernichteten die Mongolen unter Hülägü Khan das abbasidische Kalifat, zerstörten Bagdad und massakrierten Tausende. In Mittelasien hatte sich unter den Türken längst der Islam durchgesetzt, und auch die mongolischen Eroberer, die sich in der Region niedergelassen hatten, übernahmen schließlich den Glauben Mohammeds. In Iran kam es nach dem Übertritt Gazan Khans am Ende des 13. Jahrhundert zu einer islamischen Mongolenherrschaft, die ihr Zentrum in Täbris im Norden Irans hatte. Im folgenden Jahrhundert und im Jahrhundert darauf prägten die zum Islam gewechselten Nachfolger Dschingis Khans, die Timuriden, große Teile der östlichen islamischen Welt. Timur selbst war ein Türke, seine Heere setzten sich jedoch aus Mongolen wie Türken gleichermaßen zusammen. Timur war Muslim und die von ihm begründete Dynastie wurde im 15. Jahrhundert eine der berühmtesten und glanzvollsten in der islamischen Welt überhaupt. Nachdem sie über weite Teile Mittelasiens und des heutigen Afghanistans geherrscht hatte, wurde sie gestürzt, doch gelang es ihr unter Babur-Schah, sich nach Indien zu retten und dort das märchenhafte Reich der Moghuln zu errichten. Das Reich der Moghuln – der Name bedeutet nichts anderes als Mongolen (*mogol*) – prägte die indo-muslimische Kultur und Literatur bis zum Einbruch der Briten Mitte des 18. Jahrhunderts auf dem Indischen Subkontinent. Am Hof der Moghuln sprach man auch Türkisch (*turki*), obwohl das Persische und Arabische auch dort ihren prägenden Einfluss geltend machten.

Die Goldene Horde – Schmelze mongolisch-türkischer Herrschaft

Von großer Bedeutung für die Entwicklung der von uns darzustellenden Verhältnisse war, gerade in einem west-östlichen Zusammenhang, der Staat der Goldenen Horde, der im Jahre 1502 unter AHMET KHAN sein unwiderrufliches Ende fand, aber bis heute in seinen historischen Auswirkungen zu spüren ist, und zwar in Mittelasien ebenso wie in Russland. Wenn dort vom »Tatarenjoch« die Rede ist, dann meint man zuvorderst die Goldene Horde. Die Goldene Horde, *Altin ordu* auf Türkisch oder *Altan ord* auf Mongolisch, geht auf den Enkel Dschingis Khans BATU KHAN, Sohn des Dschotschi, zurück. Als Teil des weltgeschichtlichen Mongolensturms vernichteten die Krieger der Horde das erste russische Reich, drangen kurzfristig bis nach Schlesien, in den Osten Österreichs und bis zur Adria (Dubrovnik) vor und machten sich für Jahrhunderte zu Herrschern über Russland, das sie bis 1480 dominierten. 1395 wurde ihr Khan Toktamisch von Timur allerdings besiegt und ziemlich geschwächt. Timur ließ die Städte zerstören, einen Teil der Einwohner, die sich – unter einer mongolischen Oberschicht – hauptsächlich aus Türken zusammensetzte, töten oder verschleppen. Gleichwohl erholte sich die Goldene Horde noch für etwa ein Jahrhundert von diesem Schlag und konnte ihre Dominanz auch gegenüber den Russen wiederherstellen. Im Übrigen war deren Herrschaft offenbar meist nicht zentralistisch-monolithisch geprägt, sondern die verschiedenen Clans und »Horden« forderten ihr eigenes Recht, sprich Mitsprache und Teilherrschaft. Dieses wurde gewährt.

Eine Dialektik zwischen Slawen und Tataren bestimmte seit dem frühen 13. Jahrhundert die Geschichte des Russischen Reiches, wobei die Russen seit Iwan dem Schrecklichen im 16. Jahrhundert in die Vorhand gerieten und mit ihrem »Drang nach Osten« Expansionspolitik zu betreiben begannen. Doch im Jahre 1389 herrschte die Goldene Horde, inzwischen ganz der islamischen Religion ergeben, über ein Gebiet, das im Osten bis zum Aralsee, im Westen bis in die Ukraine reichte. Ihre Hauptstadt lag ziemlich genau in der Mitte ihres Herrschaftsgebietes: zunächst in der Nähe von Astrachan im Delta der Wolga (türkisch: *Itil*), später etwas weiter nördlich, aber ebenfalls an diesem Fluß des russisch-tatarischen Schicksals. Alt Saray und auch Neu-Saray (Saray Berke) waren Siedlungen von einer beträchtlichen Ausdehnung und Einwohnerzahl, in denen steinerne Häuser sich mit Zelten und Jurten abwechselten.

Die Goldene Horde hatte ihre zweite Hauptstadt ziemlich genau in jener Region, in der Jahrhunderte zuvor auch schon die türkischen Wolga-Bolgaren gesiedelt hatten, über die der berühmte Reisende IBN FADHLAN in seiner Rihla berichtet hat. Der Bagdader KALIF AL MUQTADIR hatte ihn im Jahre 922 zu den Türken (und Slaven, *saqaliba*) der Wolga geschickt, um mehr Wissen über diese zu gewinnen und um diplomatische und wirtschaftliche Beziehungen mit ihnen zu knüpfen. Auf dem Weg in deren Hauptstadt Itil machte Ibn Fadlan auch Bekanntschaft mit anderen türkischen Völkern wie den Baschkiren (*baschqort*).

Das Reich Kiptschak oder Nogai (so heißt die Goldene Horde auch in alten Quellen) tat sich natürlich nicht nur durch Kriege hervor. Über die Halbinsel Krim, vor allem deren Zentrum Kaffa, lief ein umfangreicher Handel mit Europa und dem Vorderen Orient. Eng waren beispielsweise die Beziehungen der Herrscher von Saray mit den Mamluken, die am Nil herrschten. Ihre Dynastie, die für lange Zeit – und bisweilen durchaus glanzvoll – über Ägypten herrschen sollte, war gleichfalls türkisch geprägt. Sie bestand aus türkischen Militärsklaven aus ebenjenen kiptschakischen und nogaischen Steppen nördlich des Kaukasus bis hin zum Ural, die wegen ihrer militärischen Fähigkeiten an den Nil »geliefert« worden waren, schließlich jedoch selbst in Kairo die Macht ergriffen. Das arabische Partizip *mamluk* bedeutet: (als Militärsklave) zu Eigentum gekommen. Die Mamluken herrschten bis zur Eroberung Ägyptens 1517 durch die Osmanen, doch auch danach hatten ihre Beys unter türkischer Souveränität das Sagen. Erst Napoleon Bonaparte stürzte sie 1798 endgültig.

Ein Drittel des russischen Adels, so sagt es eine bekannte Wendung, sei tatarischen Ursprungs. Dies zeigt, dass die durch Unterdrückung und Feindseligkeit erzeugten Gegensätze und Fronten wohl nicht völlig undurchlässig waren. Dies gilt vor allem für die Zeit nach dem Ende der Goldenen Horde, die in fünf Khanate zerfiel. Diese ihrerseits standen im Gegensatz zu, aber auch in Interaktion mit russischer Herrschaft. Von diesen fünf Khanaten weisen zwei in die westliche, drei hingegen in die östliche, mittelasiatische Hemisphäre, die uns hier stärker interessiert. Das Khanat der Krim, beherrscht von den Giray-Sultanen, und das von Astrachan gehören dem Westen zu, die Khanate von Sibir, das der Usbeken und das-jenige der Kasachen hingegen dem Osten und Zentralasien. Diese drei »Überreste« der Goldenen Horde weiter im Osten präformie-ren sozusagen jene ethnische, natürlich niemals »reine« Struktur, aus der sich die Herrschaft der Baschkiren (*başkortlar*), der Usbe-ken und der Kasachen entfaltete. Im 16. Jahrhundert gelang dies den Kasachen unter dem berühmten Kasym Beg, den Usbeken hinge-gen unter den Schaibaniden unter Mohammed Schaibani Khan (1510) und seinen Nachfolgern. Diese wiederum mussten sich mit den Timuriden auseinandersetzen, wobei sie erfolgreich waren. Sie vertrieben die Timuriden aus ihrem Herrschaftsgebiet.

Die religionsgeschichtliche Rolle der Türken

Wenn man versucht, die Stellung der Türken in der Welt des Is-lam insgesamt zu beschreiben, so kann man vielleicht Folgendes sagen: Die Türken haben den sunnitischen Mehrheitsislam gerade in dem Augenblick gerettet, da er von mächtigen schiitischen, oft auch heterodoxen Bewegungen, wie den Fatimiden und Qarmaten, den Ismailiten (»Assassinen«) und anderen bedroht war. Bis auf wenige Ausnahmen, wie es die Azeri-Türken im Kaukasus und in Nordwest-Iran sind, oder die Mescheten, bekennen sich auch die al-lermeisten Turkvölker bis hinein nach Singkiang zum sunnitischen Islam. Und die meisten von ihnen wurden dadurch auch in die isla-mische Hochkultur integriert, wovon nicht zuletzt ihre Literatur und Dichtung zeugen. Ein besonderes Phänomen ist das Aleviten-tum (Alevilik), das sich zwar aus dem Schiismus heraus entwickelt hat, aber sich in vielem vom orthodoxen Schiitentum, etwa dem in Iran praktizierten, stark abhebt, nicht zuletzt in der Ablehnung des islamischen Religionsgesetzes Scharia.

Die »Rettung«, besser vielleicht Behauptung und Bewahrung des Sunnismus durch türkische Völkerschaften gegenüber der Siebener-Schia wurde auch dadurch repräsentiert, dass die Osmanen, nach-dem sie unter Sultan Selim im Jahre 1517 Ägypten erobert hatten, formal auch die Würde des Kalifats (*hilafet*) übernahmen und sich damit in die Nachfolge der Abbasiden begaben. Die äußerlichen reli-

giösen Insignien kann man noch heute im Trakt des Hirka-i saadet
im Topkapi-Palast zu Istanbul bestaunen.

Spätestens seit dem 11. Jahrhundert kann man von einer fast
durchgängig islamischen oder doch bereits vom Islam geprägten
Literatur der Türken in Mittelasien sprechen. An dieser Stelle sei
nochmals darauf hingewiesen, dass bis zum heutigen Tag keineswegs alle türkischen Völker dem Islam anhängen. Zwar haben Türken im Zeichen der Religion Mohammeds ihre größte historische
und kulturelle Entfaltung erlebt, doch die vorangegangenen Kapitel
haben gezeigt, dass auch vor dem Islam kulturelle Höhepunkte bei
den Turkvölkern zu registrieren sind. Im Folgenden widmen wir
uns der Literatur und Kultur der islamischen Turkvölker.

Die großen Epen als Gemeinbesitz der Türken

Das »Kutadgu Bilig«, das Buch des Dede Korkut und das »Manas-
Epos« sind die drei großen, kulturstiftenden und übergreifenden epischen Dichtungen der zentralasiatischen Türken zwischen dem Kaspischen Meer und Singkiang, die für alle anderen Türken bis heute
ebenfalls von großer Bedeutung sind. Sie sind annähernd tausend
Jahre alt und zeugen vom Leben, den religiösen, ethischen und moralischen Vorstellungen der damaligen Türken. Sie sind ein Spiegel
des nomadischen Stammeslebens, als solches nicht nur für die Literatur interessant. Wir werden an dieser Stelle nur recht summarisch
über diese Werke informieren, denn ich habe in meinem Buch »Zwischen Steppe und Garten. Türkische Literatur aus tausend Jahren«
(München 2008) jedem der drei Epen ein eigenes Kapitel gewidmet.

Das »Kutadgu Bilig« (»Glückverheißendes Wissen«) stammt aus der
Feder von Yusuf Has Hacib, einem Hofbeamten (*hacib*) der Karachaniden, deren Herrschaftszentrum zu jener Zeit zwischen ihrer
Hauptstadt Balasagun (heute in der Republik Kirgistan gelegen) und
Kaschgar in Ostturkestan lag. Die Karachaniden waren zum Islam
übergetretene Karluk-Türken. Das »Kutadgu Bilig« ist nichts anderes
als einer jener berühmten Fürstenspiegel, die in der Region unter der
persischen Bezeichnung *pendnâme* (Buch des Ratschlags) umliefen
und dessen bekanntester das Qabusnâme ist. Das »Kutadgu Bilig«
verwendet den Reim. Es ist ein Viergespräch über Verhaltensweisen
und Tugenden, die einem rechten Weisen und Herrscher geziemen,

das Werk steht zweifellos unter islamischem Einfluss, enthält jedoch einen Katalog von Lebensregeln und Maximen, der erfrischend weltlich ausgerichtet ist. Da Yusuf Has Hacib seine Tugendlehre durchaus auch im Verstand verankert wissen will, kann man ihn mit einer gewissen Reserve wohl auch als einen Philosophen bezeichnen. Der Verfasser betont den Verstand und seine Rolle, wenn er dichtet:

Okuş ol yula teg karanku tüni
Bilig ol yarukluk yarutti sini.

Der Verstand gleicht einer Fackel in der Nächte Dunkel
Das Wissen gleicht einem dich erleuchtenden Gefunkel.

Das Epos umfasst mehr als 6500 Verse und ist dem Herrscher Tabgatsch Burachan Abu Ali Hasan Bin Sulaiman Arslan Karachan gewidmet, für dessen Hof der Dichter und Gelehrte tätig war. Sowohl Radloff als auch Vámbéry sind sich schon einig in der hohen Wertschätzung dieses Epos für die türkischen Völker.

Das »Manas«, das vor allem von Kasachen und Kirgisen hoch in Ehren gehalten wird, ist hingegen ein Volksepos, das unter Garantie viele Autoren hat. Jahrhunderte dürften an ihm mitgewirkt haben. Im Jahre 1995 hat man, vielleicht etwas gewaltsam, in der kirgisischen Hauptstadt Bischkek die Tausendjahrfeier dieses monumentalen Epos begangen – nicht zuletzt um des *nation building* willen, das sich recht schwierig gestaltet. Von den drei hier erwähnten Epen ist das »Manas«, benannt nach seinem Haupthelden, einer Art Siegfried-Gestalt, das mit Abstand umfangreichste. Bis zu 50000 Verse soll es haben, die allerdings wohl nicht alle in gedruckter Form vorliegen. Wie wichtig gerade die heutigen Kirgisen diese Dichtung nehmen, wird aus der Tatsache deutlich, dass der staatliche Rundfunk regelmäßig aus ihm vortragen lässt. Diese Lesungen dauern Jahre. Als Kuriosum sei angemerkt, dass die modernen Kirgisen auch ihren wichtigsten Flughafen nach dem Helden Manas benannt haben. Eine Aufgabe für künftige Generationen kirgisischer Gelehrter wird es sein, eine vollständige und wissenschaftlich-kritische Ausgabe des Manas zu erarbeiten. Kurzfassungen des Epos sind auch in der Türkei zu bekommen. Was über das »Kutadgu Bilig« gesagt worden ist, gilt auch für das »Manas«: Im Grunde geben seine frühesten Partien Leben und Sitten der noch nicht islamisierten Türken wieder; die Islamisierung bleibt oberflächlich, trotz Vámbérys Hinweisen auf den islamischen Charakter des Epos. Vámbéry (Türkenvolk, S. 272 ff.) bietet eine kurze Probe des »Manas« in seinem Werk, die auf Material Radloffs und Çokhan Velihanovs fußt:

Die Geburt von Manas, dem kirgisischen Helden

Auf dem Haupt des Jeti-Tar
Ward geboren Böjön-Khan,
Böjön Khans, des Fürsten, Sohn
War der Kara Khan, der edle,
Und der Sohn des Kara Khan
War der edle Jakyp Khan.
Auf der Höhe des Tschunkar-Uja
An des Almaty-Baches Mündung
Wohnte dieser Jakyp Khan.
Tschiritschi, des Aidar Tochter,
Hatt' einst Jakyp Khan gefreit …

Doch vierzehn Jahre lang entspringt dieser Ehe kein Kind, bis Jakyp Khan erfolgreich Gott anfleht, er möge ihm einen Sohn und Helden schenken, der seine Feinde besiegen könne: die Noigut, die Kokan, die Sart, die Kasak und Kirgis, das heißt die verschiedenen Stämme, um das Türkenvolk zu einen.

Von dem Weibe Tschiritschi
Ward ein Sohn ihm jetzt geboren.
Als den Knaben er nun schaute,
Ward sein weißes Fleisch wie …?
Seine Knochen wie von Kupfer.
Schlachten ließ er eine Stute,
Jakyp ließ dem Neugebornen
Von den vier Propheten-Herren
Nun den Namen MANAS geben;
Es erschienen vier Propheten,
Schauten prüfend nach dem Kinde,
Von Jarkand die sieben Boten
Aßen tüchtig bei dem Gastmahl:
Grimmig wird Manas, so sprachen
sie …

Man sieht: Schon der Bericht von der Geburt des Manas enthält alle Topoi und Bestandteile, die ein mittelalterliches Heldenepos ausmachen.

Das »Kitâb-i Dede Korkut« oder Buch von Korkut Ata erfreut sich besonders in Aserbaidschan und in der Türkei großer Beliebtheit, doch kennt man es natürlich auch in Mittelasien, zumal in Turkmenistan. In dieser wüstenhaften Republik, die nach der welthistorischen Wende länger als fünfzehn Jahre vom »Turkmenbaschi« Saparmurad Niyazow autokratisch beherrscht wurde, genießt das Buch von Korkut Ata einen kanonischen Rang. Denn dieses Epos geht auf – einen oder mehrere – Sänger der Oghusen zurück, die von den heutigen Turkmenen als ihre Stammväter angesehen werden. Es ist in der Volksliteratur der nomadischen Überlieferungen verwurzelt und wurde ursprünglich gewiss, wie alle großen Epen der Weltliteratur, mündlich von fahrenden Sängern weitergetragen, bevor man es aufzeichnete. Diese Barden begleiteten sich mit einem Instrument, das man *kopuz* nannte, sie hießen dementsprechend *kopuzcular*. Noch heute kann man zwischen Turkmenistan und Kirgistan die *kopuz* vernehmen, die mit einem Bogen gestrichen wird und einen eigentümlich näselnden Klang entfaltet.

Das Buch von Korkut Ata umfasst zwölf Episoden aus dem Leben der oghusischen Stämme. Zum Hintergrund gehören nicht allein Machtkämpfe untereinander, sondern auch die kriegerischen Auseinandersetzungen mit den Persern und Byzantinern. Vornehmlich unter dem Druck der Mongolen mussten sie im 10. Jahrhundert ihre Siedlungsgebiete östlich des Kaspischen Meeres verlassen und weiter nach Süden und Westen wandern. Über Seldschuken und Osmanen haben wir schon gehört, doch kann man ihnen auch die Stammesverbände vom Schwarzen Hammel (*Kara koyunlu*) und vom Weißen Hammel (*Ak koyunlu*) zurechnen, die teilweise ein Gebiet zwischen dem Norden des Irak, dem Osten Anatoliens und Nordwest-Iran beherrschten – so etwa unter dem mächtigen Fürsten Uzun Hasan im 14. Jahrhundert.

Das »Dede Korkut« ist auch darin typisch, dass es den Wechsel von narrativen Elementen und – an besonderen Stellen der Handlung – lyrischen Elementen, der für die orientalischen Literaturen so charakteristisch ist, als Prinzip durchhält. Dieses Muster haben islamische Dichter bis in das zwanzigste Jahrhundert hinein gepflegt. Neben den Abenteuern der Helden bringt dieses Epos auch jede Menge Spruchweisheiten an den Mann, teilweise sogar in einer gewissen sarkastisch-humoristischen Form. Schon zu Beginn werden, wie wir gleich sehen, religiöse, aber auch männliche Tugenden beschworen.

Ein Teil dieser oghusischen Turkmenen, aus deren Mitte das Epos stammt, behielt übrigens, um es ein wenig pauschal auszudrücken, Reste des alten »heidnischen« Schamanentums bei, das sie aus ihrer Heimat mitgebracht hatten und nun in die Formen ihrer neuen Religion, den Islam, integrierten. Es entstand eine Art Islam, die sich bis heute erheblich von den sunnitischen Mehrheitstraditionen der sunnitisch-hanafitischen Rechtssschule unterscheidet, als deren Retter die religiös-orthodox gewordenen Oghusen-Stämme, die Seldschuken und die Osmanen angesehen werden können. Diese Turkmenen übernahmen die Konfession der Schia, der Ali-Verehrung, und zwar in ihrer zwölferschiitischen Variante, und wurden in der Türkei die Vorläufer des Alevitentums. Zu Zeiten ihrer Niederlagen gegen den osmanischen Sultan SELIM I. (1514) bei dem Ort Çaldiran in Ostanatolien nannte man sie auch *kizilbaş*, Rotköpfe, weil sie rote Mützen trugen, deren zwölf Zipfel die zwölf Imame der Schiiten symbolisieren sollten. Der wichtigste Anführer der *kizilbaş* war Sultan ISMAIL DER SAFAWIDE (1486–1524), der im Jahre 1501 Iran für das schiitische Bekenntnis eroberte und dort seine machtvolle Dynastie etablierte, unter deren Herrschaft das nun zwölferschiitische Persien neuen Glanz entfaltete. Ismail war also auch ein Türke und er hinterließ unter dem Dichternamen (*mahlas*) Hatayi auch durchaus bedeutende Gedichte.

In den vergangenen Jahren hat H. Achmed Schmiede, ein Kenner vor allem des aserbaidschanischen Türkisch, in Zusammenarbeit mit dem Ministerium für Kultur der Republik Türkei eine Neuübersetzung dieses Nationalepos der Oghusen ins Deutsche vorgelegt (»Dede Korkut's Buch«, Hückelhoven 1995) und kurz darauf auch den Originaltext in arabischer Schrift mit Übertragung in die türkische »Lateinschrift« publiziert.

Ich bringe ein kleines Textbeispiel aus Schmiedes jüngster Übertragung. Zunächst den Anfang des Gedichts, das – wie alle islamischen Werke – mit der Basmala überschrieben ist, das heißt mit der Formel »Im Namen Gotters, des barmherigen Erbarmers«:

»Unter der Zeit Resul Aleyhisselams erwuchs dem Stamme der Bayat ein Mann, den sie Vater Korkut nannten. Dieser war ein

Alleskenner unter den Oghusen, denen er als erleuchtet galt. Was er auch sagte, es geschah. Vielerlei kündete er aus dem Verborgenen, das Allah der Erhabene ihm ins Herz gelegt.

Vater Korkut sprach:

Nun bringt der Dichter, in Versform, die später überall zur Regel wird, den Lobpreis Gottes und die Bedeutung der Religion für das Glück und Geschick des Menschen.

> Ohne Allahs Namen kann kein Werk gelingen.
> Wem der mächtige Gott nicht spendet, kommt nie zu Reichtum.
> Kein Unheil leidet, dem es nicht seit je bestimmt ist.
> Niemand stirbt, bevor seine Stunde da ist.
> Wer tot ist, wird nicht wieder lebendig:
> Eine entschlüpfte Seele kommt nicht zurück.
> Mag einer gleich Berge von Geld und Gut besitzen,
> mag er stapeln und raffen,
> immer mehr haben wollen
> Nie wird er mehr verzehren können, als ihm bestimmt ist ... «

Und so weiter und so fort. Das Werk umfasst insgesamt zwölf Gesänge, es endet damit »wie die Tasch-Oghusen sich gegen die Itsch-Oghusen erhoben« sowie mit dem Tod von Beyrek Khan. Natürlich mündet das gewaltige Epos wieder in Verse, die an Frömmigkeit und Gläubigkeit appellieren und diese beschwören.

Wieder ganz zurück in das Innerste Zentralasiens führt uns hingegen der berühmte Gelehrte MAHMUD AUS KASCHGAR (Kaşgarli Mahmut), der – obwohl aus Ostturkestan stammend – in Bagdad, der glänzenden Metropole des abbasidischen Kalifats, im Jahre 1072 mit der Niederschrift seines »Divânü lugât it-Türk« begann. Er beendete diese Sammlung türkischer Wörter, Idiome, Dialekte und Gebräuche (vgl. Lerch, 2008) zwei oder drei Jahre später und hatte damit zum ersten Mal den Versuch unternommen, die türkische Sprache in ihrer Einheit und Vielfalt systematisch darzustellen. Wir werden später sehen, wie sehr seine Bemühungen – zusammen mit den oben kurz skizzierten Volksepen – im zwanzigsten Jahrhundert dazu beigetragen haben, die Wissenschaft der Turkologie zu beleben und die Sprachreform der Kemalisten in der Türkischen Republik, die in den

Zwanzigerjahren einsetzte und sich massiv in den dreißigern fortsetzte, zu untermauern. Doch auch heute spielt dieses mittelalterliche Werk eine wichtige Rolle bei der Beschreibung des zentralasiatischen Türkisch. Insbesondere für die muslimischen Uiguren in Singkiang ist Mahmud aus Kaschgar der »Stammvater« ihrer Schriftkultur unter dem Vorzeichen der islamischen Religion. Freilich sind die Grenzen da fließend, wie man im folgenden Abschnitt sehen wird, der den viel weiter im Westen lebenden Turkmenen gilt.

Der »Stammvater« der turkmenischen Literatur: Mahtumguli Firâghi

Aus der Tradition des Korkut Ata schöpfte zum Beispiel auch MAHTUMGULI (1733–1790), den die Turkmenen als ihren Nationaldichter verehren, insbesondere weil er ihren Dialekt verwendete. Turkmenen gibt es etwa sieben Millionen. Etwas mehr als fünf Millionen von ihnen leben in der Republik Turkmenistan mit ihrer Hauptstadt Aschqabad, die seit 1992 unabhängig ist; der Rest der Turkmenen verteilt sich auf den Norden Irans, den Norden des Irak, auf Afghanistan und andere Republiken der GUS; ein kleiner Teil wohnt sogar in der Türkischen Republik, in einigen zentralanatolischen Dörfern westlich des Tuz Gölü, des großen Salzsees, in der Region von Sultanhani.

Gerade heute steht dieser Dichter wieder hoch im Kurs, werden ihm allenthalben Denkmäler errichtet, zum Beispiel in Gonbad-e Qabus im turkmenischen Gebiet Irans in Grenznähe zu Turkmenistan. Wenn nicht alle Zeichen trügen, dürfte der Turkmenbaschi, Saparmurad Niyazov – das erste Staatsoberhaupt des jungen Staates, mit seinem bizarren Buch »Ruhnama«, das bald den irdischen Weg allen Vergessens gehen wird wie alle Bücher dieser Art – relativ bald Geschichte geworden sein. Doch der Diwan des Mahtumguli lebt im Gedächtnis und im Herzen des Turkmenen-Volkes weiter, von Generation zu Generation. Diesem turkmenischen Poeten kommt, wie wir sehen werden, auch so etwas wie eine »gemeintürkische« Bedeutung zu, mehr jedenfalls als anderen türkischen Dichtern Mittelasiens, die auch vom sprachlichen Aspekt her weniger Interesse – etwa in der Türkei – zu wecken in der Lage sind. Über Mahtumguli finden längst Kongresse und Symposien statt, an denen auch Professoren aus dem fernen Ankara und Istanbul teilnehmen. Zuletzt geschah das im nordostiranischen Gonbad-e Qabus im Jahre 2007.

Mahtumguli Firâghi, wie der Dichter auch genannt wird, hatte schon einen berühmten Vater. Es war der Lyriker DOVLET MUHAMMED, der von 1700 bis 1760 lebte, und unter dem *nom de plume* »Azadi« (der Freie, auch Freimütige) seine Verse verfasste. Seine theologischen und übrigen gelehrten Studien absolvierte er in Chiwa, dem kulturellen Zentrum Choresmiens zu jener Zeit. Noch heute kann man die Medrese besichtigen, in der Mahtumguli ausgebildet wurde. Nach der Heirat mit einer Frau namens Orazgül wuchs sein Ruf als Dichter wegen seiner gelungenen Ghaselen, Kassiden, vor allem aber wegen seiner epischen Geschichte »Cabir ve Ensar (etwa: Unterdrücker und Helfer). Hinzu kommen Werke wie das »Münacatnâme« (Buch der Weisungen) und »Vaz-i azadi« (etwa Freies Wort oder Predigt der Freiheit). Ali Temizel von der Selçuk-Universität gibt in seiner Arbeit über den internationalen Mahtumguli-Kongress 2007 einen Vierzeiler Azadis mit folgendem Wortlaut an die Leser weiter:

> Könül içre evvelden fikr eylegil,
> Fark edip yagşi yamani söylegil,
> Ger yaman bolursa söz yumgil dudak
> Yagşi bolsa deyir sen ani yagşirak.

In einer eher freien Übertragung wiederzugeben als:

> Bedenke es zunächst im Innern deines Herzens,
> Trenne Gutes von Schlechtem, dann (erst) sprich.
> Ist es schlecht, dann halte die Lippe verschlossen,
> Doch wenn es gut ist, dann sage es noch besser.

Azadi starb im Alter von sechzig Jahren und zwar im turkmenischen »Jahr der Fische«, wie sein Sohn es in einem Zweizeiler bekräftigt:

> Altmış yaşta nevruz günü luv yili
> Durdu ecel yolin tutdi atamin

> Am Neujahrstag, mit sechzig, im Jahr des Fischs
> Beendete das Schicksal meines Vaters Weg.

Mahtumguli, bei dessen Darstellung wir uns im Wesentlichen auf eine von Ali Temizel übersetzte Arbeit des turkmenischen Autors EMAN KILIÇ ŞAD MIHR stützen, war das dritte von sechs Kindern, fünf Söhnen und einer Tochter. Er kam 1733 in dem Ort Ginikçay unweit von Gonbad-e Qabus zur Welt und gehörte dem Stamm der Gerkez an. Dieser ist einer der sieben großen Stämme, aus denen sich das Turkmenen-Volk bis heute zusammensetzt. Seine Grabstätte in Mary, dem früheren Merw, ist ein Pilgerziel für viele Turkmenen und andere Verehrer aus der türkischen Welt geworden. Gestorben ist der Dichter 1790. Şad Mihr teilt Mahtumgulis Leben in zwei große Perioden ein: in der ersten Hälfte erhielt der junge Gelehrte und Poet seine Ausbildung und reiste viel; in der zweiten Lebenshälfte vertiefte er sich in das esoterische Wissen (*batini ilmleri*), wandte sich von den äußeren Wissenschaften ab und spirituellen Horizonten (*maneviyat*) zu. Das erste Wissen brachte ihm sein Vater bei, dann kam Mahtumguli in die Theologenschule Idris Baba in dem Ort Güzelayak. Dort hielt es den Begabten jedoch nicht lange, sodass er nach Buchara aufbrach, in die Stadt der Heiligtümer und Medresen mit ihrem alten, doch allmählich schon verblassten Glanz. Er studierte an der berühmten Kukeldasch-Hochschule die theologischen Wissenschaften sowie die arabische Sprache und Literatur. Eine Weile hielt er sich auch am Schrein des Ahmet Yesevi in Türkistan auf. Das war natürlich für sein weiteres Fortkommen unerlässlich. Zusammen mit seinem Studienfreund Nuri Kazim kehrte er in die Heimat zurück, brach dann jedoch nach Indien und Afghanistan auf, um sein Wissen weiterzugeben. Beide gelangten am Ende ihrer langen Wanderschaft schließlich nach Chiwa (Hive) in Choresmien, wo sie ihre Studien vervollständigten. Andischan und Samarkand waren weitere Stationen ihres rastlosen Wanderns auf der Suche nach Wissen. Dann war des Wanderns und Lernens ein Ende, Firâghi wurde zum Dichter und Weisen in seiner Heimat. Auch über seinen Abschied von der Medrese Şir Gazi in Chiwa hat Mahtumguli gedichtet, das sind persönliche, individuelle Töne und Gedanken, die für diese Zeit ungewöhnlich sind:

Hakdan biz buyruk baglidir belim,
Sende ta'lim aldi, açildi tilim,
Gelsin deyip karar ol Gerkez ilim,
Gider boldum hoş kal güzel Şirgazi …

So hat der Erhabene es beschlossen, schwer fällt es,
Gelehrt wurde ich und fand meine Sprache,
Gerkez sei nun der Ort, der auf mich wartet,
Ich ging, nun muss geschieden sein schöne Schirgazi …

Mahtumguli scheint zumindest in seiner Jugend von einer Leidenschaft zum Wandern und Reisen geprägt gewesen zu sein, die ungewöhnlich ist und nicht nur mit der Suche nach einem geeigneten Platz für seine theologischen Studien zusammenzuhängen scheint. In der klassischen islamischen Kultur hing das Reisen auch mit der Pilgerfahrt (*hacc*) zusammen, die jeder gesunde Muslim einmal im Leben absolviert haben sollte. Mit dieser religiösen Pflicht, die ja zu den fünf Pfeilern der Religion gehört, hat sich Mahtumguli auch als Dichter auseinandergesetzt, so in den Versen:

Mahtumguli bildim, bahtim bivecdir.
Ganim güçlidir, ikbalim keçdir.
Niyetim Kabe'dir, hayalim hacdir.
Ikrarim bar hac tavafin itmege.

Mahtumguli! Um mein Unglück weiß ich,
Stark ist der Gram, meine Zukunft düster.
Zur Kaaba will ich, träume von der Pilgerschaft,
Entschlossen bin ich, den Tawaf zu gehn.

Unter dem Tawaf ist die siebenmalige Umrundung der Kaaba zu verstehen, ein Ritus, der zur Pilgerfahrt gehört, ja ihren Höhepunkt darstellt.

Mahtumgulis Werke sind, wie könnte es auch anders sein, in einem Diwan versammelt, der in etlichen Ausgaben erschienen ist, und zwar seit 1907 in Iran, in Turkmenien und in der Türkei; dort zuletzt 1983. In Iran, wo man seine Gedichte teilweise in das Persische übertrug, ist Teheran, respektive Gonbad-e Qabus, das Zentrum der iranischen Turkmenen, der Erscheinungsort. Alle Kenner seiner Dichtungen sind der Meinung, dass sie Vorbilder nach Form und Inhalt sind und sich in einer Zeit, da dies keineswegs üblich war, neben objektiven Themen auch ganz subjektiven, individuellen Empfindungen und Seelenzuständen widmen. Die Turkmenen mussten sich zu seiner Zeit mit dem persischen Eroberer Nadir Schah auseinandersetzen, und es kam auch zu kriegerischen Zusammenstößen zwischen den Yomut-Turkmenen und den Usbeken. Die Stärke der wechselnden Gefühle und Empfindungen, vor allem der Trauer, die Mahtumgulis Zeilen zeigen, ist tatsächlich außergewöhnlich. Und natürlich ist auch dieser Autor von den mystischen Strömungen Mittelasiens nicht unberührt geblieben.

Auch Vámbéry behandelt Mahtumguli als den bedeutendsten Dichter der Turkmenen (Turkomanen) und bringt, nachdem er die turkmenischen Stämme abgehandelt hat, Beispiele aus seinen Gedichten, etwa aus dem Diwan (Türkenvolk, S. 415) ein Ghasel:

An die Geliebte

O Geliebte, ich hab dich noch gar nicht gesehen.
Bist du eine Turteltaube, eine Nachtigall, was bist du?
Mein betrübtes Herz will von deinem Bilde sich erlösen,
Bist du eine Gartenrose, was bist du?
Bis du Koranleser, ein Sajjid oder Hodscha,
Bist du Mundschenk, bist du Wein, was bist du?
Bist du Wind, bist du Tag, bist du Nacht,
Bist du Mond oder Sonne, was bist du?
Bist du Moschus oder duftendes Ambra?
Ich könnt es nicht sagen. Pol oder Zodiak?
Bist du Wirbelwind oder Sturm, was bist du?
Bist du Gold oder Silber oder Perle,
Bist du höchster Himmel … , was bist du?
Bist du Rubin oder Koralle oder Perle,
Bist du Fackel, bist du Licht, was bist du?
Mahdumkuli. Entsage der Achtung und Würde!
Oder laß von diesem nutzlosen Treiben ab,
Du Weltennarr, des teuern Freundes vergaßest du,
Bist du betrunken oder toll, was bist du?

Lied an die ferne Geliebte – so könnte man dieses Gedicht charakterisieren, das ein typisches Liebes-Ghasel ist, mit dem Monoreim und, was die sprachlichen Bilder und Metaphern angeht, den traditionellen poetischen Elementen solcher Poesie verpflichtet.

Die türkisch-persische Kultursynthese im Zeichen des Islams
Eine nicht nur literarische Gesamtschau

Nachdem die Karluken unter dem Namen Karakhaniden den Islam angenommen hatten, entwickelte sich die Kultur der Türken Mittelasiens weitgehend unter dem Vorzeichen des Islams und seiner besonderen kulturellen Äußerungen. Dessen wichtigste Kunstgattungen und Kulturleistungen sind: theologisches Schrifttum, Dichtung, sakrale wie weltliche Architektur, Kalligrafie, Miniaturmalerei – letztere trotz eines sogenannten »Bilderverbotes«, das es in ausdrücklicher Form im Koran gar nicht gibt und das ohnehin nur hier und da und insgesamt recht selten eingehalten wurde. Hinzu kommen, gerade auch in Mittelasien, bemerkenswerte Leistungen in Wissenschaft und Philosophie. Je weiter man sich in der islamischen Zivilisation nach Osten begibt, desto mehr stößt man in der »bildenden« Kunst auf zeichnerische und malerische, figürliche Elemente in der islamischen Kunst. Doch alle Kunstäußerungen unter dem Signum des Korans sind aufs Engste verknüpft mit der seit dem 12. Jahrhundert sich mächtig weiterentwickelnden mittelasiatischen Stadtkultur, die entweder neue Städte gründet – wie Balasagun, die Hauptstadt der Karackhaniden – oder vorhandene, teilweise uralte, wie Buchara und Samarkand, prachtvoll weiterentwickelt und ausgestaltet.

Betrachten wir einmal die islamische Kunst und Kultur als Ganzheit, so muss festgehalten werden, dass die Völker Zentralasiens – wenigstens soweit sie in dessen geografischer Mitte lebten – zu den großen, ja essenziellen Kulturschöpfern der islamischen Religion und Zivilisation gehören. Die Region zwischen Choresmien (Chiwa), Chorassan (Tus-Nischapur), Baktrien (Balch), Buchara, Samarkand und dem Fergana-Becken ist eine islamische Kulturlandschaft höchstens Ranges, die zahlreiche Geistesgrößen hervorgebracht hat. Wenn es uns hier vor allem um türkische Elemente geht, so muss doch klar ein, dass eine feinsäuberliche Trennung entlang ethnischer Linien, wie wir sie heute im Zeitalter der Nationalstaaten gewohnt sind, gerade auch in der Epoche des klassischen Islam gar nicht vorgenommen werden kann. Wir sprechen deshalb von einer türkisch-persischen Kultursynthese, die auch arabische und andere Autoren oder Künstler mit einschließt. Der Islam war und ist eine universalistische Religion.

Mir selbst ist dieses Ineinander-Verflochtensein, damit irgendwo auch die fast gänzliche »Aufhebung« (im hegelschen Sinne) des Ethnischen innerhalb des islamischen Kontextes nirgends so klar zu Bewusstsein gekommen wie in Buchara und Samarkand, den beiden Perlen des heutigen Usbekistan. Inmitten der Altstadt Bucharas, die heute wieder lebendig wirkt und von mehr Touristen denn je aufgesucht wird, trifft man unversehens auf das beeindruckende Grabmal der Samaniden, das in seiner Schlichtheit anrührt. Es ist im Original viel unscheinbarer, weniger »erhaben« als Fotografien es bisweilen vermuten lassen. Und doch ruht eine ganze Epoche im übertragenen Sinne unter der Kuppel dieses Mausoleums, das vielen anderen Mausoleen in Mittelasien als Vorbild gedient hat. Die Samaniden, die im 10. Jahrhundert von Buchara aus herrschten, waren mehr Fürsten des Geistes als des Schwertes. Wir verdanken ihnen nichts weniger als das Wunder der Wiederauferstehung der persischen Sprache, die unter dem Druck des Arabischen als Sprache der Eroberer unterzugehen drohte. Die Samaniden förderten bewusst das Persische, indem sie Dichter und Gelehrte, die diese Muttersprache hatten, protegierten. Nuh Ibn Mansur und Mansur Ibn Nuh waren außerdem bibliophile Schöngeister, die Literatur sammelten und deren Ruf als Bibliophile schon zu ihrer Zeit legendär war. Er kam zum Beispiel dem Philosophen Abu Ali Ibn Sina (980–1037) zugute, den das lateinische Mittelalter als Avicenna verehrte. Dieser aus dem Ort Afschana bei Buchara stammende Gelehrte hatte sich schon als Jüngling mit Philosophie beschäftigt, insbesondere mit der Metaphysik des Aristoteles. Zudem erhielt er eine Ausbildung als Arzt. Da es ihm gelang, den Herrscher Nuh Ibn Mansur zu heilen, bekam er die Erlaubnis, die Samaniden-Bibliothek zu »plündern«; es muss für den jungen Gelehrten das Paradies gewesen sein. Er entdeckte in dieser Bibliothek unter anderem Abhandlungen des Philosophen Abu Nasr Ibn Uzlug al-Farabi (gestorben 950), die ihm endlich dazu verhalfen, die Ideen des Aristoteles besser zu verstehen. Al-Farabi, geboren in Farab oder Otrar, heute Shymkent, war überdies türkischer Herkunft, fügt sich also innerhalb der türkischen Kultur in ein Metier ein, das den Türken insgesamt vielleicht nicht so sehr lag: die Philosophie. Farabis Werke sind durch zwei Schwerpunkte gekennzeichnet. In der Metaphysik sticht sein Neuplatonismus hervor. Die von dem spätantiken Denker Plotin entwickelte Konzeption der Emanation (arabisch: *faiz*) findet seit al-Farabi Eingang in die kosmologischen Weltmodelle der arabisch-muslimischen Philosophen, welche diese neuplatonischen Vorstellungen streckenweise sogar Aristoteles zuschreiben. Als zweites wichtiges Element dieser Philosophie wäre al-Farabis Traktat über den »Musterstaat« zu nennen, der sich an Platons »Politeia« orientiert und eine weltliche Herrschaft vorausdenkt.

Wenn Ibn Sina den Wirkungskreis der Samaniden auch bald verließ, um anderen Herrschern zu folgen (er starb schließlich in Hamadan), so profitierte er doch schon als einer der Ersten von der samanidischen Kulturrenaissance des Persischen – im weitesten Sinne verstanden. Von diesem Zeitpunkt an beginnt im Großen und Ganzen auch, was man als türkisch-persische Kultursymbiose bezeichnen kann, denn überall in Mittelasien errangen persische Sprache, persische Dichtung, persische philosophisch-metaphysische Ideen eine überragende Bedeutung, der sich auch die türkischen Muslime nicht entziehen konnten. Mehr und mehr dringt über das Persische arabisches Wortgut auch in die türkischen Sprachen ein. Am Ende ist es sogar die vorderasiatische, dann iranische Baukunst mit ihrer Gestaltung der Eiwane, die sich in Zentralsien in Moscheen und Medresen (*madaris*) weiterentwickelt und dort – vornehmlich dann unter türkischen Dynastien – neue Höhepunkte der Architektur schafft.

Am eindrücklichsten ist mir das – um einen Gegenpol zum Mausoleum der Samaniden anzuführen – in Samarkand begegnet, wo in Gestalt des berühmten GUR-I EMIR ein anderes Mausoleum auf den Besucher wartet: das Grabmal des Lahmen Timur, Timur-Lenk, der hier begraben liegt, nachdem er fast den gesamten Orient durch seine Feldzüge unterjocht hatte. Anders als das Memorial der Samaniden hat sein Mausoleum schon jene Form, die für ganz Mittelasien (wie auch Iran) charakteristisch geworden ist, die türkisfarbene Kuppel eingeschlossen. Türkis – das ist ja die »Türkenfarbe«. Insgesamt müssen wir auch bei der Baukunst eben von einer türkisch-persischen Synthese sprechen, beide Architekturen haben ihre Elemente eingebracht und sie unter islamischen Vorzeichen gestaltet. Trägt ein Bauwerk wie das Samaniden-Mausoleum eindeutig altiranische Merkmale, so sind andere Grabmäler sichtbar türkischen Ursprungs. Die steinernen Mausoleen, etwa das von den Oghusen-Turkmenen für Sultan QABUS IBN WUSCHMGIR errichtete bei Gonbad-e Qabus, erinnern entfernt an die türkischen Nomadenzelte, die Prunkzelte der Khane vor allem, die man auf Rädern oder Rollen auch über die Steppe transportieren konnte und nicht von Ort zu Ort neu aufschlagen musste wie die Jurten. Sie waren rund und verjüngten sich konisch nach oben. Regelrechte Jurtenformen trifft man jedoch bisweilen ebenfalls an, so etwa ein namenloses Mausoleum auf dem Gräbergelände von Schah-i zinde in Samarkand. Offenkundig ein türkisches Vorbild stand auch bei der Errichtung des Grabes für den Philosophen und Theologen FACHR AL-DIN RAZI (1149–1209) in Urgentsch/Chiwa in Choresmien Pate. Die konischen Formen finden wir bei zahllosen Minaretten, aber

auch Türmen mittelasiatischer Moscheen und Festungen. Außer
dem hat sich in Mittelasien eine Art des Minarettbaus etabliert,
dessen berühmtestes Muster das Kalyan-Minarett (bereits aus dem
12. Jahrhundert stammend) zu Buchara ist. Es gehört zur gleichna-
migen Moschee. Es verjüngt sich zunächst konisch zur Mitte hin,
wird dann aber wieder breiter gegen die Spitze.

Die türkisch-persische Kultursynthese wird in Mittelasien – aber
auch darüber hinaus in den angrenzenden Regionen bis hinein
nach Anatolien – in der sakralen und weltlichen Architektur sehr
deutlich sichtbar. Wir können hier nicht all jene großartigen Bauten erwähnen, die dafür stehen – dazu gibt es spezielle kunsthi-
storische Werke –, doch sollen wenigstens die beeindruckendsten
dieser architektonischen Wunder Erwähnung finden. Insbesondere
die Timuriden, die Nachkommen des ebenso grausamen wie kunstsinnigen Welteroberers, haben in der gesamten Region bis nach
Indien hinein bleibende Spuren ihres Wirkens hinterlassen. Timur
selbst war ein Türke, seine Heere indessen waren hauptsächlich aus
türkischen und mongolischen Kriegern zusammengesetzt. Nach der
Entmachtung und Verdrängung der Timuriden nach Süden, in Richtung Afghanistan und Indien, waren es die Schaibaniden – die Vorfahren der heutigen Usbeken, die seit 1510 die Geschicke zwischen
dem Amu Darja und dem Fergana-Becken bestimmten. Die Timuriden entfalteten im 15. Jahrhundert auch im heutigen Afghanistan
ihren glänzenden Einfluss als Mäzene, so in Herat, Merw und in
Balch in den heutigen iranischen Ostprovinzen. Bis heute, und trotz
der kriegerischen Wirren der jüngsten Zeit, ist Herat ja ein Kleinod
mittelasiatischer Kunst und Kultur geblieben. Schon zuvor hatte der
ebenfalls türkischstämmige Sultan Mahmud Ibn Sebüktegin von
Ghazna aus, der große Herrscher der Ghaznawiden-Dynastie, der
Region seinen Stempel aufgedrückt. Er war es ja, der den persischen
Dichter FERDOUSI zur Abfassung des »Schahnâme« bewegte.

Vor allem Buchara und Samarkand prägen bis heute das Bild, das
wir vom islamischen Zentralasien haben, aber auch das relativ ent-
legene Chiwa in Choresmien, das in seiner Unversehrtheit sogar das
herrliche Buchara noch übertrifft. Leider hat auch diese Unversehrtheit ihren Preis, denn – wie auch in Buchara – muss an den historischen, mit farbigen Kacheln und Fliesen bedeckten Gebäuden ständig gearbeitet werden. Bis zu dem verheerenden Erdbeben im Jahre
1964, das den größten Teil der Altstadt dem Erdboden gleichmachte,
war auch Taschkent, die Hauptstadt Usbekistans, von Gebäuden aus

64

den großen Zeiten des islamischen Mittelalters geprägt. Zu dem wenigen, das die Katastrophe überstand und mittlerweile auch renoviert worden ist, gehört die Medrese Kukeldasch (Kögeldaş) am Rande der Innenstadt. Den kunstsinnigen Taschkenter wird es deshalb, ebenso wie den Fremden, immer wieder nach Samarkand ziehen, um die Kleinodien mittelasiatischer, türkisch-persischer Kultur zu bestaunen. Einer der größten türkischen Wissenschaftler, ein Timuride auch er, der große ULUG BEG hat in Samarkand Zeugnis von seinem Denken und seiner Wesensart abgelegt. Es gehört zu den erstaunlichsten Phänomenen der Weltgeschichte, dass ausgerechnet die Söhne und Enkel des eroberungssüchtigen Timur Herrscher gewesen sind, deren Blick ganz auf das Geistige im Menschenwesen ausgerichtet war. Das gilt für SCHAH-RUH, der von 1405 bis 1447 regierte und ganz den schönen Dingen zugewandt war, mehr aber noch für dessen Nachfolger Ulug, den die tiefgründigen Geheimnisse des Himmelsrades weitaus mehr reizten als die kriegerischen Eroberungen seines Vorfahren. Ulug Beg war ein Kontemplativer. Die Geschichte der Astronomie wird diesen Gelehrten, der herrschen musste, obwohl er es nicht gerne tat, immer in ihren Annalen als einen der Großen verzeichnen. Ulug Beg ließ nicht nur Werke des Friedens, zahlreiche Medresen, errichten, sondern vor allem auch seine berühmte Sternwarte in Samarkand, deren riesiger Sextant noch heute besichtigt werden kann. Ulug Beg fand schon zwei Jahre nach seinem Herrschaftsantritt, 1449, ein gewaltsames Ende. Wie sein Vater Schah-Ruh waren ihm die Taten des Friedens, der Wissenschaft und der Kunst wichtiger gewesen als der Krieg. Sein eigener Sohn stürzte ihn vom Thron und ließ ihn ermorden. Sein Grab befindet sich – welche ein Kontrast – im Gur-i Emir, das heißt dort, wo auch Amir Timur bestattet liegt.

Was aber, so muss man fragen, wäre Samarkand ohne diese Werke des Friedens und des Geistes? Wer besuchte diese Oasenstadt, wenn sich dort nicht der weltberühmte Registan im Zentrum befände, jener in seiner Art ungeheuerliche Platz, der gewissermaßen den spirituellen Mittelpunkt der Stadt bildet. Mit seinen drei jeweils im rechten Winkel zueinander angelegten riesenhaften Koranschulen Ulug Beg, Tilla Kari und Shirdor, bildet er ein in der gesamten islamischen Welt einmaliges bauliches Ensemble, in welchem sich der künstlerische *Genius* der mittelasiatischen Muslime vielleicht am vollkommensten entfaltet hat. Klarheit der architektonischen Formen einerseits paart sich mit der farbigen Verspieltheit des Dekors, mit dessen Hilfe sich – wie auch anderswo, wo Muslime gebaut haben – die Materie entmaterialisiert, durchgeistigt, ihre Schwere aufhebt. Dies scheint mir überhaupt das wichtigste Charakteristikum der gesamten islamischen Monumentalarchitektur zu sein, ganz unabhängig einmal von ihrer turko-persischen, mittelasiatischen Ausprägung. Zwischen der Alhambra in Granada und dem Taj Mahal zu Agra in Indien, der Selimiye-Moschee zu Edirne in der Türkei und der Großen Moschee zu Isfahan ist eine Tendenz erkennbar, den Geist mit der Materie zusammenzufügen, die Wesensform dem Stoff anzuverwandeln, wie Aristoteles es wohl ausdrücken würde, andererseits aber auch den Stoff geistig zu durchdringen, zu verfeinern. Als drittes Element bei dieser Baukunst kommt das Licht hinzu, dessen Spiel dem Innern der großen Moscheen seinen geheimnisvoll-ätherischen Charakter verleiht, eine Atmosphäre der Transzendenz hervorzurufen vermag. Man muss das gesamte Ensemble des Registan einmal im abendlichen Dämmerlicht – nicht hingegen bei touristischem *son et lumière* – gesehen und die Stimmung in sich aufgenommen haben, die dieser Anblick hervorruft: zu Stein gewordene Mathematik, vielmehr Geometrie, die den Logos des Schöpfers des Weltalls mit unvollkommenen menschlichen Mitteln nachgestaltet.

Direkt neben einem lebhaften Basar, wo die Bauern aus dem Umland ihr Obst und Gemüse an den Mann bringen, erhebt sich die Moschee der Bibi Chanum. Auch sie gehört zu den baulichen Kleinodien der so schöpferischen Timuriden-Zeit; sie entstand in den letzten Lebensjahren des Welteroberes, zwischen 1399 und 1404, und war die Hauptmoschee Timurs. So kann man sagen, dass das alte Afrasiab der Antike, dessen Umgebung schon Alexanders Makedonen durchstreiften, unter den persisch beeinflussten Türken eine Wiederauferstehung erlebte – nach Wellen der grausamen Zerstörung allerdings.

Die turko-persische Synthese jener Jahrhunderte umfasst natürlich nicht allein die sakrale und profane Architektur, von der wir gerade ein paar Beispiele gegeben haben, sondern betrifft auch die meisten anderen Gebiete des geistigen Lebens. Ohne Übertreibung kann man sagen, dass in der Zeit zwischen dem 12. und dem zu Ende gehenden 16. Jahrhundert Mittelasien eine Konzentration geistiger Potenzen aufzuweisen hat, wie man sie nur selten in der bisherigen Kulturgeschichte erlebt hat, am ehesten zu vergleichen vielleicht mit der italienischen Renaissance und ihren bedeutendsten Geistern in Architektur, Malerei, Dichtung, Philosophie und Wissenschaft. Wir wissen wohl, dass das hoch gegriffen ist, aber man denke an alle jene Größen, die wir teilweise schon erwähnt haben, und füge noch andere hinzu, etwa den Astronomen AL-FARGANI aus dem Fergana-Becken, dann den Universalgelehrten ABU RAIHAN AL-BIRUNI, den Philosophen AL-FARABI aus dem heutigen Shymkent in Kasachstan, damals Otrar oder Farab genannt. In der Malerei findet die Miniatur unter Meister Behzad aus Herat (heute ebenfalls in Afghanistan) ihren begnadetsten Vertreter. Einzig auf dem Felde der technischen Erfindungen, wo die europäische Renaissance, an Archimedes anknüpfend, einen Leonardo da Vinci hervorbrachte, trifft dieser Vergleich nicht zu.

In der Literatur nun war der Einfluss der Perser geradezu überwältigend. Seit Beginn der samanidischen Renaissance, die dem Neupersischen zum Durchbruch verhalf, drangen die ursprünglich arabischen Versmaße der Dichtung und die Gedichtformen über die persische Dichtung in andere Literaturen ein. Desgleichen die Bildersprache, die von den persischen Dichtern zudem weiterentwickelt und auf subtile Weise verfeinert wurde. Bei der Betrachtung der Tschagatai-Literatur werden wir darauf noch einmal zurückkommen. Paul Horn schreibt dazu (Persische Litteratur, 1901, Einleitung):

»Der Einfluß der Litteratur Persiens zum mindesten der modernen, auf die übrige Welt ist ein bedeutender gewesen. Den muhammedanischen Völkern sind die Perser die Lehrmeister geworden, denen sie in allem einzelnen auf das genaueste nachgefolgt sind. Schon die Araber erlagen bald nach der Eroberung (in den Schlachten von Qadisija 637 und Nihawend 641, der Autor) dem geistigen Übergewichte der von ihnen Besiegten, und den TÜRKEN ist es nicht anders ergangen. Die gesamte türkische Kunstpoesie – und nur diese rechnen sie ja selbst zur Litteratur – war bis vor 50 Jahren nichts als eine getreue Übertragung aus dem Persischen; erst um die Mitte des vorigen Jahrhunderts (des 19. Jahrhunderts mithin, der Autor) hat man in Konstantinopel mit den erstarrten, sog. Klassischen Formen gebrochen und eine ganz neue Litteratur begründet, der die Zukunft gehört ... «

Mag Horn mit diesen Bemerkungen auch zuerst und vor allem die Literatur der türkischen Osmanen im Auge haben, so gilt doch, was er sagt, in gleichem Maße für die Türken in Mittelasien, insbesondere in Bezug auf die gesamte höfische, »hohe« Literatur.

Insgesamt etwa hundertfünfzig Jahre dauerte es, an die Stelle dieser für viele Jahrhunderte wirksame Symbiose etwas anderes zu setzten: den »westlichen« Einfluss in Kunst und Kultur, vornehmlich auch der Literatur. Er erreichte die Völker Mittelasiens über die russische Eroberung und Einverleibung ihrer Siedlungsräume.

Das Vordringen der Russen in Westturkestan

Die Sowjetunion, die insgesamt sieben Jahrzehnte bestand, war nicht nur ein kommunistisches Großreich, sondern auch der direkte Erbe jenes Territorialbestandes, den zuvor die Zaren in Jahrhunderte während Expansion »gesammelt« hatten, teils durch friedliche Durchdringung, teils jedoch mit militärischer Gewalt. Das kommunistische System übernahm diesen Bestand, was hier und da nicht ohne erheblichen Widerstand der Betroffenen abging – in der Ukraine, im Kaukasus und selbstverständlich auch in Mittelasien. Das postkommunistische Russland hat nach 1991 nun einige Völker und Gebiete abgeben müssen, in Mittelasien wurden Turkmenistan, Usbekistan, Kasachstan, Kirgistan und Tadschikistan unabhängig – vier türkisch geprägte und eine iranisch beeinflusste Republik. Dort ist überall das Streben nach nationaler Identität neu erwacht, mit allen Elementen, die dazugehören. Bis heute bedeutet das nicht, dass der Einfluss der Russen und des Russischen schon geschwunden wäre, ganz im Gegenteil: Inbesondere die Führungsschicht, zu Zeiten der Sowjetherrschaft erzogen und sozialisiert, wird noch lange Russisch sprechen und die alten Vorstellungen so schnell auch nicht loswerden. Dabei fallen Unterschiede auf. So war der russische Einfluss in Kasachstan am intensivsten, dort lebten und leben noch immer mehr Russen als anderswo in Mittelasien, und sie waren dort auch am längsten. Inzwischen sind viele abgewandert, doch stellen sie mit etwa dreißig Prozent noch die zweitgrößte Volksgruppe. Die Titularnation der Kasachen bildet mittlerweile die Mehrheit der Bevölkerung – zusammen mit anderen türkischen Volksgruppen zwischen sechzig und fünfundsechzig Prozent. Insgesamt leben mehr als hundert Ethnien in Kasachstan.

Die Auswirkungen des russischen Imperialismus sind bestenfalls zwiespältig zu bewerten. Die Russen sorgten für ein Vorankommen der modernen Zivilisation, erbauten Universitäten und Nationaltheater, Opernhäuser und riefen Orchester ins Leben, auch die Gesundheitsfürsorge wurde drastisch verbessert, das Analphabetentum weitgehend beseitigt, doch die Russifizierung beraubte die Kasachen und die anderen Völker mehr und mehr ihrer autochthonen Kultur. Diese durfte nur insoweit gepflegt werden, als sie den Herrschaftsanspruch der Russen, später der Kommunisten, nicht störte oder gar gefährdete. In der Sprachpolitik, das heißt der Beschäftigung mit den lokalen Sprachen der beherrschten Völker, handelten schon die Russen nach dem Prinzip des divide et impera. Stalin setzte dies im großen Stile fort. Hinzu kamen genozidhafte Ereignisse, der Widerstand gegen die Russen kostete die Kasachen ein Drittel ihres Volkes, das den Zwangsmaßnahmen wie der »Sesshaftmachung« und Kollektivierung zum Opfer fiel. Brutale Unterdrückung und Entfremdung – so könnte man die Auswirkungen vielleicht am besten charakterisieren. Im Jahre 1986 kam es in der damaligen kasachischen Hauptstadt Alma Ata zu Jugendunruhen, die anzeigten, dass die Kasachen nicht länger gewillt waren, nach Moskaus Pfeife zu tanzen. In der Umgebung sowie in Transkaukasien – etwa bei den Azeri-Türken in Aserbaidschan – breitete sich eine ähnliche Unruhe aus. Daran war gewiss auch der unglückselige russische Eroberungskrieg in Afghanistan (1979–1989) nicht unbeteiligt, der eine der Initialzündungen zum Auseinanderbrechen der Sowjetunion darstellte. Da kam eine Entwicklung zu ihrem vorläufigen Ende, die viele Jahrhunderte vorher eingesetzt hatte.

Das Ausgreifen Russlands in die östlichen, zum großen Teil auch muslimischen Gebiete setzte im 16. Jahrhundert mit Iwan IV., dem Schrecklichen, ein. Seine Truppen drangen mächtig nach Osten vor. Ziel war zunächst das Vorderland des Urals. 1552 eroberte er das Khanat der Tataren von Kasan an der Wolga, das aus der Herrschaft der Goldenen Horde (*Altin Ordu*) »übriggeblieben« war, 1556 fiel das Khanat von Astrachan. Es waren jene Regionen in der Region der Wolga (*Itil*), die zuvor von den türkischen Wolga-Bolgaren und den – ebenfalls türkischen – Chasaren bewohnt worden waren und die der berühmte muslimische Reisende Ibn Fadhlan in seiner »Rihla« beschrieben hatte. Ibn Fadhlans Reisebericht zu den Türken dieser Gebiete aus dem 10. Jahrhundert ist noch immer eine gute Quelle für das Verständnis der türkischen Völker um die Jahrtausendwende.

Die Tataren wurden seit 1552 den Russen gegenüber botmäßige Untertanen. In den folgenden Generationen drangen die Russen dann endgültig über den Ural nach Sibirien vor, doch mehr noch wurde der Süden ihre Stoßrichtung. Peter der Große kämpfte schon gegen die Osmanen um den Besitz der Feste Asow. Den Russen ging es unter anderem darum, ihrem berühmten »Drang zu den warmen Meeren«, sprich eisfreien Häfen zu folgen. Diese Politik wurde von Katharina II. fortgesetzt. Gegenüber ihren muselmanischen Untertanen zeigte sie Zuckerbrot und Peitsche: Einerseits baute sie den Tataren Moscheen und Medresen, andererseits wollte sie tatarische Gebiete erobern. Im Jahre 1783 schlug endgültig die Stunde der Tataren auf der Krim. Auch sie waren von der Herrschaft der Goldenen Horde übriggeblieben und hatten unter den Khanen aus der Familie der Giray von ihrem Hauptort Bachtschisaraj (türkisch: Bahçesaray) aus eine Zeitlang kraftvoll regiert – als Vasallen der Osmanen. Nun wurden auch die Krim-Tataren Untertanen der Zaren. Aus der russischen Literatur des 19. Jahrhunderts erfahren wir später, dass Tataren häufig als Dienstpersonal in adeligen russischen Haushalten beschäftigt wurden, sie galten als ehrlich und mieden – im Unterschied zu den russischen Bediensteten – den Alkohol. Nebenbei gesagt: etwa ein Drittel des russischen Hochadels hatte seine Wurzeln in turko-tatarischen Clans, die sich russifizierten. Offener und blutiger Aufruhr schlug Katharina der Großen allerdings entgegen, als Jemeljan Pugatschow als Führer der »Entrechteten und Enterbten« gegen sie im Osten einen Aufstand anzettelte, an dem sich nicht wenige Turkvölker beteiligten, insbesondere die Baschkiren (Baschkortlar), aber auch Tataren und Kasachen. Die Kaiserin schlug den Aufstand schließlich nieder und ließ Pugatschow, der behauptet hatte, er sei der wiedergekehrte Zar Peter III., hinrichten.

Ebenfalls im 18. Jahrhundert setzte auch der russische Drang nach Südosten ein, der dann im 19. Jahrhundert seinen imperialen Höhepunkt erreichte. Schon Mitte des Jahrhunderts war Wjerny gegründet worden, am Südrand der Kasachensteppe, ein kleines russisches Wehrdorf zunächst, aus dem das spätere Alma Ata, heute Almaty, werden sollte. Den Soldaten folgten die Siedler auf dem Fuße. Auch der russische Imperialismus in Asien, vornehmlich Mittelasien, war sozusagen eine klassische Landnahme. Der bedeutende Osteuropa-Historiker und Russlandkenner OTTO HÖTZSCH hat in seinem Werk »Russland in Asien« als das hervorstechende Prinzip dieses Imperialismus die »Suche nach der sicheren Grenze« bezeichnet. Den Entdeckungsreisenden in Mittelasien folgten die Siedler, deren gefährdete Lebensverhältnisse von den Soldaten »gesichert« werden mussten, insbesondere dadurch, dass man die Grenze immer weiter nach vorne verschob. Ihr folgten wieder Siedler, deren Existenz aufs Neue gesichert werden musste … und so weiter und so fort.

Das Sammeln neuer, zentralasiatischer Territorien vollzog sich teilweise gleichzeitig mit der Expansion im Kaukasus (1829–1859), teilweise aber auch ein wenig später. Zwischen 1864 und 1884 gelang

es den Russen unter Zar Alexander II., all jene muslimischen Gebiete zwischen dem Aralsee und der Kirgisensteppe, zwischen dem
Kopet-Dagh nahe der persischen Grenze im Gebiet der Turkmenen
und dem westlichen Rande Singkiangs unter ihre Vorherrschaft zu
bringen. Im Zentrum standen Generäle wie Konstantin von Kauf-
mann, der 1867 zum Generalgouverneur von »Turkestan« mit dem
Sitz in Taschkent ernannt wurde, sowie die Generäle Tschernjajew
und Skobelew. Die drei Khanate von Buchara, Chiwa und Kokand
wurden nacheinander dem Russischen Reich in lockerer Form ein-
gegliedert, Kolonien waren sie nur in einem übertragenen Sinne.
Die dortigen Herrscher behielten nach innen eine formale Macht
über ihre Untertanen, doch war die politische Abhängigkeit von
Petersburg annähernd vollkommen. Bis zum Ende des Ersten Weltkrieges hatten die Emire noch ihre bescheidenen Throne inne. Der
Emir von Buchara verließ sein Land erst im Jahre 1920. Wer einmal
den Ark, seinen Herrschersitz in Bucharas Altstadt, gesehen hat,
ist eigentümlich berührt von dieser Szenerie. Noch mehr jedoch,
wenn er den neuen Trakt betritt, in dem der Herrscher eine moderne Zukunft haben wollte, die ihm nicht vergönnt war. Beim Durch-
streifen der Stadt, die heute wieder erwacht und lebendig anmutet,
sich auch mit westlichen und asiatischen Touristen füllt, erinnert
man sich an den berühmten Vers des großen Dichters Schams al-
Din Hafis, der da lautet:

Agar ân Tork-e schirâzi be-dast ârad del-e mârâ
Be-châl-e henduyesh bakhscham Samarqand
o Bochârârâ

Nähm jener schöne Schiras-Türke mein Herz in seine Hand.
Gäb ich seinem Hindu-Male Buchara und Samarkand …

Russische »Rechtfertigungen« des Imperialismus
und das klassische »Great Game«

Die Argumente, die zur Rechtfertigung des russischen Imperialismus herangezogen wurden, ähneln denjenigen, die man für andere
Kolonialmächte ins Feld geführt hat oder die von ihnen selbst vorgebracht wurden. Hötzsch hat darauf hingewiesen, dass zu Zeiten der
Zaren sich die neu hinzugewonnenen Gebiete noch nicht »rechne-

ten«, vielmehr Verlustgeschäfte waren; das mag stimmen. Insbesondere von Alexander II. ist zudem bekannt, dass er kein begeisterter Imperialist und Kolonialist gewesen ist. Trotzdem waren die Russen von dem Streben nach historischer Größe geleitet, und viele waren mit dem panslawistischen Theoretiker DANILEWSKIJ davon durchdrungen, dass es an den Russen sei, den »wilden Stämmen« in Kaukasien ebenso wie in Mittelasien die Segnungen der Zivilisation zu bringen. Das, was Kipling als *the white man's burden* bezeichnete, galt auch für sie. Ob die Eroberten das wollten, war gleichgültig.

In sowjetischer Zeit »rechneten« sich diese Gebiete dann sehr wohl, zumal die zentrale Planung in Moskau die Einrichtung von Baumwoll-Monokulturen förderte, die gewinnträchtig waren, aber, wie man heute weiß, zu ökologischen Veränderungen unvorhergesehenen Ausmaßes beitrugen. Gigantomanie führte zur Versalzung von ganzen Landstrichen, der Aralsee ist ein buchstäblich »sterbender See« geworden, den zu erhalten eine kaum zu bewältigende Aufgabe der Zukunft sein wird. Die Zwangskollektivierung, überhaupt die Sesshaftmachung der Nomaden, von den Russen wie Sowjets ebenfalls als zivilisatorische Großtat gefeiert, hat die nomadischen Kulturen der Völker zerrüttet und sie überdies einen hohen Blutzoll an Menschen gekostet. Die Kasachen verloren Mitte der Dreißigerjahre etwa ein Drittel ihrer Bevölkerung durch die Zwangsmaßnahmen. Dass Kasachstan und Usbekistan auch mehr und mehr zu Orten der Verbannung missliebiger Sowjetbürger wurden, brachte die autochthonen Kulturen nicht weniger durcheinander. Die durch russischen, später kommunistischen Einfluss entstehenden neuen Eliten, zu denen selbstverständlich auch die Literaten gehörten, waren einem Prozess der geistigen und intellektuellen Spaltung ausgesetzt: Einerseits war man ohnmächtig gegenüber der Zivilisation, die ohne Zweifel auch manches Nützliche brachte, andererseits wollte man doch das bedrohte Eigene bewahren. Dass man sich mit der Sowjetmacht schließlich arrangierte, war sicher auch einer empfundenen Ausweglosigkeit geschuldet. Sie führte dazu, dass die Autoren künstlerisch und stilistisch ebenso gespalten waren zwischen den ideologischen Forderungen nach einem sozialistischen Realismus, jedoch auch nach der Bewahrung eigener Traditionen des dichterischen Worts, das heißt der Sagen, Legenden und alten Erzählungen und Epen. Man brachte den Völkern jener Region ohne Zweifel einen Fortschritt, doch durften sie diesen, zumal in sowjetischer Zeit, nur in Unfreiheit praktizieren; und die marxistische Ideologie markierte die Grenze. Vor allem galt dies auch für die Religion, den Islam, dessen Traditionen zwar im Volk immer auf irgendeine Weise, auch klandestin, lebendig blieben, aber nicht offiziell gelebt werden durften. Dies, übrigens, war unter den Zaren noch besser gewesen, da sie den Islam weitaus weniger gängelten als später die Kommunisten, die gegen jegliche Religion feindselig eingestellt waren. Unter dem Muftiat der Familie Babakhanow (Vater und Sohn) hielten sie jahrzehntelang die Fiktion aufrecht, die Muslime Mittelasiens könnten ihren Glauben leben. Von Babakhanow wird übrigens ein Ausspruch überliefert, der lautet: »Die Muslime der Sowjetunion sind gute Muslime; sie essen kein Schweinefleisch und heiraten nur untereinander«. Solche Stellungnahmen konnten freilich niemanden täuschen.

Wie die hegelsche List der Idee mutet es an, dass die Kommunisten am Ende die Suppe auslöffeln mussten, die ihnen die Zaren eingebrockt hatten. Das Vordringen in Mittelasien konfrontierte den Herrscher aller Russen nämlich zunächst mit einer konkurrierenden Weltmacht, die noch einflussreicher war als sein Russland: Großbritannien. England beherrschte seit der Mitte des 18. Jahrhunderts den Raj, den Indischen Subkontinent, ein Gebiet, das vom heutigen Burma über die gesamte Indische Halbinsel einschließlich Ceylons bis zum Khyber-Pass reichte. Der Hindukusch war die Schnittstelle des imperialistischen Aufeinanderprallens beider Großmächte, die bei den afghanischen Stämmen ihren jeweiligen Einfluss geltend zu machen versuchten. Eine direkte Beherrschung der Berge Afghanistans gelang, wie wir wissen, weder dem einen noch dem anderen, doch dieses »Great Game«, an dem sich auch bekannte Forschungsreisende beteiligten, das sich um Strategie und mögliche Rohstoffe drehte, sorgte viele Jahrzehnte lang für erhebliche Unruhe. Während des Ersten Weltkrieges »spielte« sogar das Deutsche Reich mit, als es versuchte, den afghanischen Herrscher in Kabul durch die Entsendung deutscher Agenten gegen die Briten in Stellung zu bringen. Auch das misslang.

Ausgerechnet die Sowjets waren es nun, die dieses wenig erfolgreiche »Great Game« durch ihr kriegerisches Abenteuer in Afghanistan, obzwar Jahrzehnte später, zwischen 1979 und 1989 fortzusetzen suchten und damit wiederum kläglich scheiterten. Das Desaster der Sowjetunion, ihr erzwungener Abzug aus den Bergen des Hindukusch, beflügelte nicht nur die siegreich gebliebenen afghanischen »Gotteskrieger« (*Mudschahidin*), sondern führten auch zur Unabhängigkeit der mittelasiatischen (und kaukasischen)

Turkrepubliken sowie zu deren kultureller wie sprachlicher Wiedergeburt, die wir heutzutage erleben. Die Dichter und Schriftsteller haben dies gefördert und schließlich, als es vollzogen wurde, mit ihren Werken begleitet. Die meisten nicht fundamentalistisch eingestellten Intellektuellen in der Region sehen diese Zusammenhänge und wollen durch engere geistige Fühlungsnahme und Kooperation ein Gefühl für die gemeinsame Geschichte schaffen, das sich auch in Werken der Literatur äußert.

Abaj Kunanbajew – Dichterfürst der Kasachen

Die Turkrepublik Kasachstan (Kazakistan Respublikasi) ist mit knapp drei Millionen Quadratkilometern so groß wie ganz Westeuropa. Sie erstreckt sich vom Nordrand des Kaspischen Meeres und dem Unterlauf der Wolga im Westen bis zum Altai-Gebirge im Osten, ihre Nord-Süd-Ausdehnung reicht vom Tienschan-Gebirge und der Wüste Kyzyl Kum (Rote Sande) bis zur Westsibirischen Tiefebene im Norden. Das Innere ist steppenhaft und beinahe menschenleer, die größten Städte wie Almaty (früher Alma Ata), Kyzylorda, Shymkent, Taras, Pawlodar, Semey (früher Semipalatinsk) und Aktöbe liegen im Süden und im Norden. Recht weit nördlich liegt auch die neue Hauptstadt Astana, das frühere Akmola, Akmolinsk oder Zelinograd. Nur Karagandy und Dscheskurgan liegen etwa in der Mitte des riesigen Landes.

In das helle Licht der Geschichte treten die mit den Kirgisen stammverwandten Kasachen am Ausgang des Mittelalters. *Kazak* sind diejenigen, die sich aus kirgisisch-türkischen Stammesverbänden der Goldenen Horde, der Nachfahren Dschingis Khans, »entfernt« haben, die »Ungebundenen«. Zusammen mit den ihnen verwandten Karakalpaken (»Träger schwarzer Mützen«), die südlich des Aralsees ansässig sind, beherrschten die Stammesföderationen der Kasachen zwischenzeitlich einen riesigen Raum, dessen Mitte die kasachische Steppe war. Dabei unterschied man zwischen drei Großverbänden, die man mit dem türkischen Wort *ordu*, »Horde« bezeichnete: die Westliche Horde, die Mittlere Horde und die Östliche Horde. Doch man spricht auch von der Großen Horde, der Mittleren Horde und der Kleinen Horde. Ein anderes Wort für diese Großverbände war *schus*. Im heutigen Kasachstan müssen die Schüler im Rahmen des nation building nicht nur in vielen Fällen die kasachische Hochsprache wieder lernen, sondern auch die Geschichte der drei Horden und die Verbindung der Kasachen zu den Heeren Dschingis Khans. Da die Kasachen früher als andere muslimische Völker Mittelasiens dem entfremdenden Einfluss der russischen Eroberer ausgesetzt waren, ist bei ihnen auch besonders viel »verschüttgegangen«. Die Wiedererweckung kasachischer Kultur ist eine gigantische Zukunftsaufgabe. Neben der Geschichte sind es Sprache und Literatur, die dafür in den Dienst genommen werden.

In der Dichtung verfügen die Kasachen über eine reiche Volksliteratur mit zahlreichen Genres. Viele Jahrhunderte lang – und diese Tradition hält bis heute an – zogen die Akynen oder die Kams, die fahrenden Sänger, die Umherschweifenden, die man in der Türkei *ozanlar* nennt, durch die Ails, die Dörfer der Kasachen, und gaben ihre volkstümlichen Dichtungen zum Besten, häufig auch musikalisch untermalt. Bei fast allen Turkvölkern trifft man auf diese Tradition einer oralen Dichtung, die sich ungeheurer Popularität erfreut. Sie ist gewissermaßen die Hefe, aus der heraus die bedeutenderen, dann auch schriftlich fixierten Dichtungen und Literaturwerke entwachsen. Die Kasachen verehren in der Gestalt SCHÄKÄRIMS (1858–1931) ihren größten Akyn der Neuzeit. Er war ein Aufklärer, der den Kasachen aber auch ein vertieftes Verständnis des Islams ermitteln wollte. Schäkärim wurde ein Opfer der stalinistischen Ära, der zynisch sogenannten »großen Säuberungen«. Unter Stalin war es buchstäblich sogar lebensgefährlich, sich mehr als notwendig mit den eigenen Kulturstiftern zu identifizieren. Bei den Kasachen galt dies auch und gerade für eine Person wie ABAJ KUNANBAJEW.

Ein großes Fest in der Kasachensteppe

Im Jahre 1995 schlug man inmitten der Kasachensteppe hunderte weißer Jurten auf. Schier unübersehbar war das Meer der hellen Filzzelte, das den kargen Boden der Fläche bedeckte. Ein großes, mehrere Tage dauerndes Fest fand statt. Der Anlass dafür war der hundertfünfzigste Geburtstag ABAJS, des größten Dichters der Kasachen, der allerdings weit über den Horizont seiner engeren Heimat hinaus in ganz Mittelasien verehrt wird. In unseren Breiten ist sein Name praktisch unbekannt, und doch ist Abaj ein Mann, den man mit den Großen der europäischen Literatur durchaus vergleichen kann – mag dies auch manchem Eurozentristen noch immer nicht zu Bewusstsein gekommen sein. Doch in der Person von Abaj Kunanbajew tritt die postmittelalterliche, auf die Moderne zustrebende Literatur Mittelasiens in die Weltliteratur ein. Dabei zeigt sich, dass nur ein universaler Geist wie er imstande war, dies zu leisten. Abaj war nicht nur ein Dichter, sondern auch ein Denker und umfassend gebildeter Mensch, der zudem als Vermittler allgemeiner Kulturstandards von kaum zu überschätzender Bedeutung war. Seine Werke sind, berücksichtigt man auch Auszüge, immerhin in etwa sechzig Sprachen übersetzt worden. Und er ist sogar als Musiker hervorgetreten, als Sammler auch kasachischer Volkslieder, die noch heute populär sind.

Abaj Ibrahim Kunanbajuly, wie der kasachische Name Kunanbajews lautet, wurde am 10. August 1845 in der Nähe der Stadt Semipalatinsk in den Tschingis-Bergen Ostkasachstans geboren. Das ist der russische Name jener Stadt, die heute wieder, wie früher, Semey genannt wird – nach einem Helden aus dem Epos »Manas«. Wenige Jahre nach Abajs Geburt sollte dort ein gewisser Fjodor Michailowitsch Dostojewskij vier Jahre seiner Verbannung zubringen – als gemeiner Soldat. Dies war der zweite Teil seiner Strafe, zu der ihn Zar Nikolaus I. »begnadigt« hatte. Abaj – den Ehrennamen verlieh man ihm wegen seiner Leistungen erst später – stammte von einer Familie, die Oberhäupter von kasachischen Geschlechtern stellte. Diese Geschlechter nannte man *ulus*, die Oberhäupter *Bijs*, was wohl dem türkischen *bey* oder *beg* entspricht. Die Bijs fungierten auch als Richter. Der Junge wurde zunächst in den Lehren, Sitten und Gebräuchen der islamischen Religion unterwiesen, bei einem Lehrer namens Ahmed Riza, doch besuchte er dann eine russische Schule, wo ihn besonders die Beschäftigung mit den großen Dichtern der Russen zu fesseln begann. Abaj wurde ein fanatischer Leser, der sich in die Werke von Alexander Puschkin, Michail Lermontow, Goethe und Lord Byron vertiefte. Mit diesen vier Dichtern sind auch schon jene genannt, die ihm lebenslang Vorbilder blieben und aus deren Werken er auch in das Kasachische übersetzte. So stammt etwa die kasachische Fassung von Goethes »Über allen Gipfeln ist Ruh' …« aus der Feder Abajs.

Bis ungefähr zu seinem vierzigsten Lebensjahr musste Abaj seinem Brotberuf als Verwaltungsbeamter so viel Zeit opfern, dass die literarische Tätigkeit immer zu kurz kam. Dann fand er die Muße zu seinen großen Werken. Doch schon als Jugendlicher im zarten Alter von 13 Jahren hatte er zu dichten begonnen. Neben der Lektüre war es auch der persönliche und private Kontakt mit gebildeten Russen, der Abaj geistig förderte. Viele von ihnen waren in den Osten Kasachstans verbannt worden, ohne irgendetwas verbrochen zu haben. Es waren häufig Intellektuelle, die reformistisch gesinnt waren, also politische Widerstandskämpfer und Oppositionelle, die stark vom Streben nach Gerechtigkeit und Freiheit bewegt wurden. Sie beeinflussten schon früh diesen begabten Kasachen, der durch sie ganz neue Begriffe für Gesellschaft und Politik kennenlernte. Dass er sich als Aufklärer nicht nur Freunde machte, insbesondere unter der führenden Schicht der Kasachen, kann man sich angesichts seiner Angriffe auf die halb feudalen Zustände in seinem Volk gut vorstellen. Es kam sogar zu Attacken auf sein Leben, die er jedoch unbeschadet überstand. Wie Abaj die kasachischen Autoren des zwanzigsten Jahrhunderts in dieser Hinsicht inspirierte, wird weiter unten noch geschildert werden. Der Dichter und Denker starb am 23. Juni 1904 in den Tschingis-Bergen seiner Heimat.

In der Terminologie der russischen Kulturgeschichte war Abaj ein *zapadnik*, ein typischer Westler. Gerade als kasachischer Patriot war ihm bewusst, dass sein Volk Anschluss finden musste an die Entwicklung der europäischen Zivilisation. Dies war nun einmal nur durch die Nähe zur russischen Sprache und Kultur möglich. Angesichts der zaristischen Unterdrückungspolitik erforderte das einen nicht geringen Mut. Man muss ihm überdies zugutehalten, dass er von den noch weitaus stärkeren und brutaleren Russifizierungsexzessen und der totalitären Assimilierungs- und Einschmelzungspolitik in Sprache und Volkstum, wie sie später die Sowjetkommunisten betrieben, nichts ahnen konnte. Die Universität in Almaty trägt ebenso seinen Namen wie eine Stadt in der zentralkasachischen Region von Karaganda.

In dem Band »Kara soz« (Das schwarze Wort) sind die philosophischen Texte, meistens aphoristisch in Form und Inhalt, von Abaj Kunanbajew enthalten. In den längeren Poemen »Masgud«, »Iskandar« und »Die Sage von Azime« setzt sich der Dichter mit den Verhältnissen seines Volkes auseinander, und zwar vor dem Hintergrund von Geschichte, Sitten und Gebräuchen. In »Iskandar« geht es vor allem um die Frage der Gewalt, wobei der Dichter seine pazifistischen Ansichten äußert.

Um dem Leser einen Eindruck von der Lyrik Abajs zu geben, möchte ich einige Strophen und Verse aus dem Band »Abai. Zwan-

zig Gedichte« bringen, den wir dem Übersetzer Leonhard Kossuth
und dem Schriftsteller Herold Belger, einem in Kasachstan lebenden Wolgadeutschen, verdanken. Wir beginnen mit einem Liebesgedicht, ist doch die Liebe schon immer das Thema Nummer eins
der Poeten gewesen:

> Der Liebe Sprache braucht kein Wort –
> Nur das Gefühl, der Herzen Schlag:
> Ein Blinken hier, ein Lächeln dort
> Genügt – und alles ist gesagt.
>
> Einst hab ich diese Sprache gut –
> Ja, zur Vollkommenheit – beherrscht.
> Doch ist für mich ihr Wörterbuch
> Schon längst wie durch ein Schloss
> versperrt.

Das sind Verse voller Melancholie, ja Resignation. Abaj musste übrigens nach dem Willen seines strengen, der Tradition verhafteten
Vaters eine arrangierte Ehe mit Dilda eingehen, obschon er sich in
seiner Jugend unsterblich in ein Mädchen mit Namen Toghshan
verliebt hatte. Vielleicht bezieht sich genau darauf das Gedicht:

> Die Wege der Liebe sind schwer.
> Glücklich, wer sie gewinnt;
> Der anderen Leben verrinnt,
> Traurig und aussichtslos.
> Nur Chimären vom Glück
> Bleiben zurück …

Wie alle großen Dichter ist auch Abaj melancholisch gestimmt. Seine pessimistsiche Lebenssumme bringt er in die folgenden beiden
Verse:

> All mein Hoffen vertan, seine Blätter vergilbt.
> Was ich immer ersehnt, nichts hat sich erfüllt.

Eine Strophe, die Kossuth übertragen hat, könnte von dem großen
persischen Pessimisten OMAR KHAYYAM stammen, zumal es auch
ein Vierzeiler ist. Für diese Form war und ist dieser pessimistisch-

skeptische Dichter, der im Hauptberuf Astronom und Mathematiker war, weltbekannt. Abajs Gedicht lautet:

Zu Staub wird jeder – auch wer stolz verharrte.
Nur Flitter bleibt vom Glanz, der ihn heut narrte.
Weißt du denn, was das Morgen Dir bereitet?
Kaum auf der Welt, wirst Du vom Tod erwartet.

Die Flüchtigkeit des Lebens, die »vanitas vanitatum«, die Kürze der Lebensspanne und die Nichtigkeit des Trivialen sind ja eines der großen Themen der orientalischen Dichter, die hierbei auch stark vom Sufismus beeinflusst sind, der islamischen Mystik. Da macht Abaj keine Ausnahme. Khayyam zum Beispiel vergleicht das menschliche Leben mit einer Eintagsfliege, die »auf die Welt kam und schon wieder verschwand« (*amad magazi o napadid shod*). Doch trotz dieser pessimistischen – oder sollte man sie lieber realistisch nennen? – Lebenssumme, fordert der kasachische Nationaldichter sein Volk nicht zur Resignation insgesamt auf; vielmehr kann sich das Leben durch Fortschritt, Freiheit und Lernen, durch Horizonterweiterung und durch den Einsatz von Vernunft und Verstand verändern und besser werden.

Die Tschagatai-Literatur und ihr größter Vertreter Mir Alischir Navoi-Neva'i

Seit dem Jahre 1991 gehört auch die ehemalige Sowjetrepublik Usbekistan mit ihrer Hauptstadt Taschkent (früher Schasch) zu den unabhängigen mittelasiatischen Staaten. Und wie die Kasachen, Kirgisen, Turkmenen und Tadschiken müssen sich nun auch die Usbeken um ein erfolgreiches nation building bemühen. Eine Demokratie ist das moderne Usbekistan so wenig wie die anderen Länder in der Nachbarschaft, als historische Figur für das nation building muss seit der Unabhängigkeit nun Timur Lenk, der im Jahre 1405 gestorbene Feldherr und Herrscher, herhalten. Seine Statuen überall im Land haben die von Marx und Lenin abgelöst. Timur war einer der vielleicht schrecklichsten Eroberer der Weltgeschichte, der noch eine ganz andere Eigenschaft hatte: Er war ein Kunstmäzen und ein Förderer der Gelehrsamkeit. Aus den von ihm blutig eroberten Ländern deportierte er begabte Menschen nach Mittelasien, um seine

80

Hauptstadt auszubauen und in seinem Namen kulturellen Glanz zu entfalten. Die Mischung aus grausamem Eroberer und kunstsinnigem Mäzen war in früheren Zeiten nicht so selten. Man denke nur an die italienische Renaissance. Der Herrscher des modernen Usbekistan hat im Zentrum der Hauptstadt ein ganz neues Timur-Museum errichten lassen, um den Untertanen das historische Anknüpfen tagtäglich vor Augen zu führen, es ist ein Kuppelbau im alten Stil.

Das Merkwürdige daran ist, dass Timur gar kein Usbeke war. Insofern ist es einigermaßen verwunderlich, dass gerade er als Integrationsfigur für das moderne Usbekistan dienen muss. Einen Sinn könnte man darin nur dann sehen, wenn man berücksichtigte, dass auch das unabhängige Usbekistan mit seinen 27 Millionen Einwohnern ein multiethnischer Staat ist – so wie das damalige turko-mongolische Reich unter Timur, dessen glanzvoll blühendes Zentrum die Stadt Samarkand war. Neben der usbekischen Titularnation finden sich Minderheiten fast aller anderen Turkvölker in Usbekistan, dazu auch persisch sprechende Minderheiten, zum Beispiel in der Region von Buchara. Allein die Zahl der in Usbekistan lebenden Kasachen wird auf etwa 2,5 Millionen geschätzt. Doch in Taschkent trifft man neben Russen auch auf Tadschiken, Uiguren, Tataren und andere.

Da das Gebiet des heutigen Usbekistan zu den großen Zentren klassischer islamischer Kultur gehört – im Unterschied etwa zu dem doch eher randständigen Kirgistan oder Kasachstan –, bietet sich für das nation building auch der Bezug zu den zahlreichen Geistesgrößen an, die jene Region hervorgebracht hat. In der islamischen Literatur heißt die Region hinter dem Amu Darja auf Arabisch Mawaraannahr – »das Gebiet, das hinter dem Fluss liegt«, das heißt jenseits des Oxus der Alten. Auf diesem Boden wirkten – wir haben es schon angedeutet – viele berühmte Gelehrte und Künstler. Oder sie kamen sogar von dort, etwa der Arzt und Philosoph Ibn Sina und der Denker al-Farabi, der Mathematiker al-Chwarizmi und der Universalgelehrte al-Biruni, der Astronom Ulug Beg, der Dichter und Naturwissenschaftler Omar Khayyam, der Miniaturmaler Behzad aus Herat, das zwar heute in Afghanistan liegt, was aber dessen künstlerischem Einfluss auf die Kultur Mittelasiens keinen Abbruch tat. Und all diese Namen stehen nur für die prominentesten dieser großen Geister.

Dazu gehört auch MIR ALISCHIR NAVOI oder Neva'í (1441–1501), in dem die Usbeken heute nicht nur einen ihrer größten Geister sehen, sondern vor allem ihren Nationaldichter, dem insofern beim nation building eine weniger umstrittene Rolle zukommt als Timur, weil er – neben dem Persischen – auch das Usbekische für seine Dichtungen verwendete. Es war vielmehr eine Vorform des heutigen Usbekisch, die man – nach einem der Söhne Dschingis Khans – als Tschagatai-Türkisch bezeichnet. Die modernen Usbeken sehen im Tschagatai-Türkisch eine ältere Vorstufe des modernen Usbekisch. Man kann das Tschagatai vielleicht folgendermaßen definieren: Es ist die Hochsprache der Türken in Mittelasien außerhalb des osmanischen Herrschaftsbereiches vom 15. Jahrhundert bis etwa zum Ersten Weltkrieg. Als Schriftsprache fand es darüber hinaus auch Verwendung unter Turkvölkern, die im europäischen Raum lebten, so im Zusammenhang mit der Herrschaft der Goldenen Horde auf russischem Territorium. Diese weitverbreitete Lingua franca unter den Türken wurde erst im Verlauf des 19. Jahrhunderts von moderneren Sprachebenen abgelöst, sodass man das Tschagatai nicht nur als Alt-Usbekisch, sondern auch als Alt-Turkmenisch, Alt-Kasachisch oder Alt-Tatarisch bezeichnen kann. Etliche ältere Tschagatai-Texte sind auch in uigurischer Schrift niedergelegt worden. Das bekannteste Prosawerk in Tschagatai ist das berühmte »Baburnama« (»Buch Baburs«), die umfangreiche Autobiografie des Timuriden-Sultans Babur, der nach Indien zog und dort zum Begründer der glanzvollen Moghul-Dynastie wurde. Er regierte dort von 1494 bis 1530. Das Baburnama ist in alle wichtigen Weltsprachen übertragen worden. Wir kommen gleich darauf zurück.

In der Tschagatai-Literatur und Dichtung (*Çagatay Adabiyot*) ragt Navoi, dem wir uns nun zuwenden, als unumstrittener Dichterkönig heraus. Schon immer hat man ihn in der Region verehrt, und zwar keineswegs nur unter Usbeken und Türken. In der klassischen Epoche des Islam spielte die ethnische Herkunft ohnehin keine oder nur eine geringe Rolle; die islamische Kultur war (und ist noch immer) universal geprägt, wobei dieser Universalismus auch immer Ausnahmen zuließ. Der türkische Literaturhistoriker ATILLA ÖZKIRIMLI unterscheidet innerhalb der Tschagatai-Literatur vier Epochen, deren erste er vor dem Jahre 1465 ansetzt, das heißt bis zu Navois erstem Werk. Darauf folgt die Periode der tschagataischen Klassik, die bis in das 16. Jahrhundert hinein währt; auf sie folgt ein sozusagen »silbernes« Zeitalter, das bis in das Ende des 17. Jahrhunderts reicht und in dem Historiker EBUL GHAZI BAHADIR HAN (1603–1663) ihren bedeutendsten Autor findet, schließlich jene Zeit bis zum Anbruch der Moderne, da man von einer usbekischen

Literatur sprechen kann. Die wichtigsten Vertreter der Tschagatai-Literatur sind, neben Navoi und Babur, die Dichter Sekkaki, Harezmi, Lutfi, Emiri, Ahmed Mirza, Geda'i, Ata'í und Yakini.

Auf dem Felde der hohen Literatur (*adab*) und der Dichtung hatten die arabischen, später dann persischen Vorbilder so stark prägend gewirkt, dass eine einheitliche Metaphernsprache sowie einheitliche Gedichtformen, wie Ghasel und Kasside, Rubai und Kit'a, den gesamten Kulturraum des Islams beherrschten. Und natürlich galt das auch für verschiedene Gattungen der Dichtung, wie das Versepos, das paargereimte Mesnevi und andere. Von einem Dichterkönig wurde erwartet, dass er das alles beherrschte und neuartig in Szene setzte; dabei war Originalität der Erfindung weniger gefragt als die Neukombination des Vertrauten. Als Urbild des Epos galt natürlich das »Schahnâme« oder »Königsbuch« des Persers FERDOUSI (gestorben 1031), das im typischen Versmaß Mutaqârib gehalten war. Wie mit einem Paukenschlag beginnt die neupersische Literatur mit diesem gigantischen Werk, das den Vergleich mit westlichen Epen, der »Ilias« und »Odyssee« oder der »Göttlichen Komödie«, nicht zu scheuen braucht. In der romantischen Epik ist NEZÂMI aus Gandsche (heute Aserbaidschan) der als Vorbild wirkende Dichter. In der Lyrik wäre die zu erwähnende Anzahl der Meister aus der persischen Literatur so groß, dass man das an dieser Stelle gar nicht tun kann. Persiens Poeten wurden maßgebend in einem Raum, der von Anatolien, nach dessen Islamisierung, bis nach Indien und an die Ufer des Ganges und Brahmaputra reichte, bis nach Bengalen. Auf den größten der persischen Lyriker, MUHAMMAD SCHAMS AL-DIN HAFIS (Hâfez) aus Schiras, werden wir im Anschluss an Navoi zu sprechen kommen.

Diesen literarischen Vorgaben aus Iran, dem Lande der Rosen und Nachtigallen, musste natürlich auch ein Dichter wie Navoi gehorchen. Obwohl nach Herkunft ein Türke, wurde der Dichter ganz im persisch geprägten Umkreis künstlerisch herangebildet. Seine Heimat ist Herat, das zu seiner Zeit eines der großen Zentren islamischer Kunst gewesen ist. Er wurde dort in eine hochgestellte Familie der timuridischen Elite hineingeboren. Sein vollständiger Name lautet Nizâm al-Din Ali Schir Herawi, die Nisbe »Navoi« oder »Neva'i« ist sein Dichtername (*mahlas*) geworden, den er, wie das üblich war, im letzten Doppelvers seiner Gedichte unterbrachte. Es ist möglich, dass die Familie ursprünglich uigurischer Herkunft war. Sein Vater Giyath al-Din Kichikna (»Der Kleine«) war ein Palast-Beamter am Hof von Schahrukh Mirza in Chorassan. Auch

Navois Mutter lebte als Prinzessin im Palast. Der früh verwaiste Knabe wurde vom Herrscher Chorassans, Babur Ibn Baysunqur, in Obhut genommen. In Maschhad, Herat und Samarkand erhielt er Erziehung und Ausbildung, um anschließend viele Jahre lang bei Hofe zu wirken. Navoi wurde insbesondere die rechte Hand des Timuriden-Herrschers Hussein Baiqara, mit dem er eine Zeit lang – modern gesprochen – die Schulbank gedrückt hatte.

Im Orient hat Navoi immer als einer der großen Weisen gegolten. Als Politiker und Gelehrter, als Dichter und Ratgeber gehört er zu einer Spezies von Geistesgrößen, die damals weit verbreitet war (auch übrigens im Europa der dort gerade einsetzenden Moderne). Als Usbekistan noch eine der sowjetischen Teilrepubliken war, hielt man den Dichter und Weisen gleichfalls in hohen Ehren – allerdings verkürzt auf einen Humanismus, der allzu auffällig die ideologisch gewünschte Maske trug. So wurde der religiöse Kontext in Navois Werk ignoriert, weggelassen oder so weit »umgebogen«, bis er sich in den marxistischen Humanismus irgendwie einfügte. Dieses Verfahren wurde überall angewandt, wo die herrschenden Kommunisten vor der Aufgabe standen, die Gedanken und Werke bedeutender Geister, auf die man weder verzichten konnte noch wollte, der eigenen Sache hinzuzufügen, sie als »fortschrittlich« zu charakterisieren, was hieß, sie zu Vorläufern des Sozialismus zu machen. Da auch die bedeutenden Geister des Islam in vielen Fällen Kritik an den etablierten religiösen Strukturen, an den Theologen und Rechtsgelehrten übten, fiel ihnen das relativ leicht. Aber die Tatsache, dass Mir Alischir Navoi Kritik an bigotten Mullahs und schlechten Regenten übte, bedeutete nicht, dass er kein Muslim gewesen war, im Gegenteil.

So sieht man ihn denn heute als einen Humanisten in einem umfassenderen Sinn an als noch vor zwei Jahrzehnten, als einen islamischen Humanisten, der – obzwar auch von der Mystik beeinflusst – dennoch niemals einen Hang zu unfruchtbarer Askese verspürte. Ein Frömmler war er genauso wenig wie sein enger Freund, der große persische Dichter MAULANA ABDUL RAHMAN DSCHAMI (1414–1492), den man als den letzten großen Klassiker der persischen Dichtung bezeichnet hat. In der Tat endet mit ihm das große, das goldene Zeitalter persischer Dichtkunst und es beginnt das silberne.

Wie sehr das moderne Usbekistan auf Mir Alischir Navoi beim nation building setzt, erkennt man auch aus einer kleinen Broschüre, die im Jahre 2000 von einem Taschkenter Verlag in Taschenbuchformat herausgegeben worden ist, unter dem Titel »Ummondan durlar« – Die Perlen aus dem Ozean. Das kleine Büchlein ist in drei Sprachen gehalten, Usbekisch, Deutsch und Englisch, und bringt einen einführenden Essay über Leben und Werk Navois sowie Beispiele seiner Dichtung, eine kleine Blütenlese mithin. Ihr Adressat sind westliche Leser, denen der Name dieses Dichters gemeinhin unbekannt ist. Der Verfasser und Herausgeber ist YULDASCH PARDA. In seinem einführenden kurzen Traktat würdigt der Herausgeber Navoi als einen umfassend gebildeten Autor, der Glaube und Wissen in seiner Person vereint habe und eine rundum human ausgerichtete Weltsicht propagiert habe. Parda schreibt: »Navoi war ein frommer Muslim, das unterliegt keinem Zweifel … Ich will damit aber nicht sagen, dass Navoi so ein religiöser Dichter wie Ahmad Yassavi war, nein, nicht der Asketismus, sondern die allgemeinmenschliche und humanistische Konzeption … ziehen sich wie ein roter Faden durch alle seine Werke hindurch …« (Parda, S. 53). Und er zitiert einen der berühmtesten Verse des Dichters, der da lautet:

Odami ersang demagil odami
Oningkim yuq halk ghamidin ghami.

Den Menschen, der sich den Leiden des Volkes verschließt,
Halte nicht für einen Menschen, wenn du Mensch bist.

Die Moral dieses Verses hatte schon Scheich MUSLIH AL-DIN SAADI, der große Dichter des persischen »Golestan« (Rosengarten), im 13. Jahrhundert in die folgenden Verse gefasst:

To kaz mehnat-e digarân bi-ghami
Naschâjad ke nâmat nehand âdami.

Du, den nicht Menschenleiden rühren,
Darfst auch den Namen Mensch nicht
führen.

Wie so viele bedeutende Geister jener Zeit war auch Navoi umfassend gebildet und in vielen Sätteln gerecht. Er war nicht nur Dichter, sondern auch Hofbeamter und Verwaltungsfachmann, dazu kunstsinniger Mäzen und Bauherr. Viele Hundert öffentliche und religiöse Bauwerke zwischen Herat, Nischapur und deren Umgebung gehen auf seine Anregung und Förderung zurück.

Wie die meisten seiner Vorgänger und Nachfolger hat auch Navoi ein riesiges Œuvre hinterlassen. Seine vier Diwane oder Sammlungen von lyrischen Gedichten umfassen ungefähr 50 000 Doppelverse. Der größte Teil davon ist im Tschaghatai-Türkisch gehalten, das er zur Literatursprache emanzipierte; doch dichtete er auch vieles in Persisch, Arabisch und sogar in »indischer Sprache« (*zabân-e hendi*). Zu seinen insgesamt dreißig Werken gehört auch eine sogenannte »Hamse«, das heißt ein »Fünfer«. Das berühmteste Vorbild dafür war zu seiner Zeit schon die Hamse des persischen Dichters Nezâmi, die so sehr zum Paradigma geworden war, dass die fähigsten Poeten ihr nacheiferten. Navois Hamse besteht aus folgenden Epen: »Hayratul abror« (Das Entzücken der Guten), »Farhod wa Shirin« (das ist einer der Stoffe der sozusagen klassischen Liebespaar-Epik), ebenso »Layli wa Madschnun« (dies ist das berühmteste aller persischen Liebesepen überhaupt), dazu das Versepos »Sab'ai Sayyor« (Die Sieben Reisenden, womit die Planeten gemeint sind) sowie »Saddi Iskandary«, das auf Nezâmis »Iskandernâme« oder Alexanderbuch Bezug nimmt. »Die Sieben Reisenden« bildet ein Gegenstück (*nazire*) zu Nezamis vorbildhaftem Epos »Haft Peikar« oder »Sieben Bilder«.

Beschäftigt man sich mit den lyrischen Gedichten Navois, so stößt man rasch auf die persischen Vorbilder, die bei ihrer Abfassung Pate gestanden haben. Wir bringen ein Beispiel:

> O Morgenwind, eil zu der Schönen, sag ich wäre liebeskrank.
> Wer ist gleich ihr so schwarzäugig, so lieblich und zypressen
>   schlank?
> Vor Kummer werde ich vergehn, wenn ich sie nicht mehr spre
>   chen kann,
> Wie leuchteten die Augen schön, als sie vom süßen Weine trank!
> Die Lippen süß, voll Doppelsinn die Worte, die sie damals
>   sprach,
> Seitdem ist meine Ruhe hin, ich bin wie auf der Folterbank.
> Frag nicht, warum die Trennungsnacht mein Lebenslicht ver
>   dunkelt hat,
> Warum die tiefste Finsternis auf meine Seele niedersank.
> Die Schöne hat mir angetan so manche Schande, manche
>   Schmach,
> Es bohrt der Schmerz sich mir ins Herz gleich einem Dolche
>   spitz und blank.

O Freund, erzähl der Grausamen, wie Navoi sich gegrämt und
  barmt,
Denn seine Ruh ist hin, in Schmerz und Trauer sie versank!

Es ist ganz offenkundig, dass ein solches Ghasel alle sprachlichen
Ingredienzen enthält, die man zuvor bei den persischen Dichterkö-
nigen wie Hafis aus Schiras und anderen antraf. Man denke nur an
die Verszeile des Hafis:

Sabâ be-lotf begû ân ghazal-e ro'nârâ

Morgenwind, sag jener liebreizenden Gazelle
(Schönen) …

Die Beschreibung der Schönen, in die man sich verliebt hat, die
Gleichsetzung von Liebe und Wein, der Schmerz, den die Liebe ver-
ursacht, der Morgenwind (*saba*) als Liebesbote und vieles andere gehört zu den Versatzstücken der klassischen höfischen Poesie, wie sie
über Jahrhunderte hinweg gepflegt worden ist zwischen Konstantinopel und dem Moghul-Hof in Indien. Der Morgenwind ist auch bei
Hafis der Überbringer der Liebesbotschaft an die Geliebte. Es ist eine
Formen- und Formelsprache, die sich im Laufe der Zeit verselbststän-
digt hat und mit einer konkreten Geliebten zunächst gar nichts zu tun
haben muss. Es geht vielmehr darum, ein abgehobenes Lebensgefühl
bis hin zu einem orientalischen carpe diem zu gestalten, diese Stimmung zu erzeugen. Es ist eine Anakreontik, die durch den Geist der
Weisheit und der Mystik hindurchgegangen ist, eine »Leichtigkeit des
Seins«, die den Augenblick genießen will, gerade auch im Hinblick
auf seine Flüchtigkeit und Vergänglichkeit. Wie auch Hafis dichtet:

Bejâ ke qasr-e amal sacht sost-bonjâd ast
Bejâr bâde ke bonjâd-e omr bar-bâd ast
Gholâm-e hemmat-e ân am ke zire tscharch-e
kabûd
Ze hartsche rang-e taalloq pazirad âzâd ast …

O komm, das Schloss der Hoffnung ist auf Sand gebaut,
Bring Wein, denn wie der Wind ist unser Lebensgrund.
Ich bin der Sklave dessen, der im blauen Himmelkreis
Von allem, was Verbindung annimmt, frei sich weiß … .

Es ist schon eine ewige Wiederkehr des Gleichen, die in dieser Form
der orientalischen Poesie Gestalt annimmt, und dennoch trifft Navoi
immer wieder einen eigenen Ton, ganz abgesehen davon, dass ihm
tatsächlich auch an einer gewissen lehrhaften Tendenz in seinen Gedichten gelegen ist, mehr jedenfalls als das bei anderen Poeten der
Fall ist. Insbesondere in seinen Sinnsprüchen ist diese fast aphoristi-
sche Tendenz auffällig, man könnte sie geradezu als »Maximen und
Reflexionen« nach einem bekannten westlichen Vorbild bezeichnen.
Wir bringen ein paar Beispiele, die das verdeutlichen:

> Hast du dich nicht an deinen Befehl gehalten,
> So musst du deine Weisheit für dich behalten.

> Will dir das Volk nicht huldigen,
> Musst du dich selbst beschuldigen.

> Eine Seele ohne Geliebte ist ein Reich ohne Herrscher,
> Und ein Reich ohne Herrscher ist ein Körper ohne Seele.

> Die Weitschweifigkeit, die Vielrednerei
> Ist ein Zeichen nur der Prahlerei.

Die Ghaselen und Kassiden Mir Alischir Navois können es mit denjenigen seines Freundes Maulana Dschami, mit dessen Dichter-
künsten er sich auch maß, jederzeit aufnehmen. Ja, man hat bisweilen den Eindruck, als hätten beide, der Perser und der »Usbeke«,
diesen freundschaftlichen Wettbewerb geradezu gewollt.

Navoi pflegte auch die beliebte Gattung des Vierzeilers (*rubai*)
mit seinem charakteristischen Reimschema aaba. Bei ihm wird
entweder die Liebe im Rubai besungen, oder der Dichter widmet
sich philosophisch-ethischen Themen, wozu sich diese Gedichtform
besonders eignet. Der große Omar Khayyam hatte dafür ohnehin
das Vorbild abgegeben. So heißt es in einem der Vierzeiler Navois.

> Bist du in dieser Welt, dann sei der Welt Sultan,
> Bist du im Weltall, dann sei des Weltalls Khan.
> Sei die Seele im Körper deines leidenden Volkes,
> Sei für ihre Seelen der tröstende Balsam.

(nach Parda)

Die Usbeken empfinden genau diese Haltung ihres großen Klassikers als besonders typisch.

Neben dieser hohen Dichtung haben natürlich auch die Usbeken ihre Volkssänger hervorgebracht, die von Dorf zu Dorf zogen und das Leben feierten, wie sie auch das Schicksal beklagten oder besangen. Vámbéry (Türkenvolk, S. 363 ff.) bringt Muster dieser özbegischen Volksweisheiten.

Zahiruddin Babur Schah – Herrscher und Chronist seiner selbst

Das weltberühmte Baburnâme

Die zweite, alle anderen überragende Größe der Tschagatai-Literatur ist ZAHIRUDDIN BABUR SCHAH, der ebenfalls aus dem Geschlechte der türkisch-mongolischen Timuriden stammte und als Gründer der Moghul-Dynastie in Indien angesehen werden muss. Babur, im jugendlichen Alter von sechzehn Jahren zum Herrscher von Andischan in Fergana gekürt, musste unter dem Druck der usbekischen Schaibaniden das Feld räumen und sich nach Süden durchschlagen. Da er ein begabter Feldherr war, gelang es ihm, die Heere der in Nordindien herrschenden muslimischen Lodhi-Dynastie zu schlagen und seine eigene Herrschaft zu etablieren. Unter den Moghul-Kaisern, deren Haus er begründete, erreichte das muslimische Indien einen zuvor nie gekannten Glanz, der in der Epoche Kaiser AKBARS DES GROSSEN (gestorben 1605) seinen unumstrittenen Höhepunkt erfuhr. Akbar der Große war der Sohn Dschehangirs und Enkel Baburs. In nur drei Generationen war dies den Moghuln – der Name heißt nichts anderes als Abkömmlinge der Mongolen (Mogol) – gelungen. Babur legte den Grundstein, sein Sohn Humayun Schah festigte das Reich. Noch heute ist für die in Indien lebenden Muslime (etwa 150 Millionen Menschen) der Ruf und Ruhm dieses Reiches legendär, ebenso für die Pakistaner, die nichts anderes sind als jene muslimischen Inder, denen es 1947 gelang, einen eigenen, insgesamt ziemlich problembeladenen Staat zu gründen.

Das Interesse Baburs, des »Tigers«, an Literatur und Dichtung ist nicht ungewöhnlich zu nennen, ganz im Gegenteil. Viele Herrscher im Islam, gerade auch unter den Türken, waren Amateurpoeten, und manche, wie SCHAH ISMAIL DER SAFAWIDE, sogar mehr als das. Ungewöhnlich an Babur ist vielmehr, dass er selbst Prosa schrieb und noch dazu seine eigene Geschichte erzählte. Er überließ das nicht den Lobhudlern, den professionellen Historiografen und Munschis (Kanzlisten). Den Kennern des Baburnâme ist der außergewöhnliche Charakter dieses umfangreichen Werkes schon früh aufgefallen. Babur, immerhin der Kaiser, zeigte sich realistisch, bisweilen sogar kritisch gegenüber der eigenen Person; neben seinen Großtaten wird auch davon berichtet, dass der Herrscher trunksüchtig war – ein Laster, dem er allerdings nicht als Einziger verfallen war.

Das »Baburnâme« ist, an Stellen, an denen der Kaiser sein eigenes Leben und Handeln beschreibt, in Ich-Form gehalten. Auch das ist ungewöhnlich. Das umfangreiche Werk zieht als Erinnerungsbuch eine Lebensbilanz.

Zahiruddin Muhammed Bin Umar »Mirza« – so der ganze Name Baburs –, das ist »Prinz«, lebte von 1483 bis 1530, als Sohn des Herrschers von Fergana Umar Scheich Mirza geboren. Er beginnt seine Autobiografie mit der Gestalt und dem Wirken seines Vaters, dessen Auseinandersetzungen mit den Usbeken in Fergana, einem Gebiet, das heute zu Usbekistan, Kirgistan und Tadschikistan gehört. Dieses Tal ist ein verhältnismäßig überschaubares Terrain, etwa von der dreifachen größe Liechtensteins. Auch heutzutage ist es politisch wieder unruhig dort, regen sich immer wieder islamistische Kräfte. Die Nachfahren Timurs waren zu jener Zeit militärisch in großer Bedrängnis, konnten jedoch ihre Niederlagen unter Babur wieder wettmachen und selbst unter ihm ein islamisches Großreich erobern und aufbauen. Babur konnte siegreich in Kabul einziehen und einige Zeit über jene Regionen herrschen, die heute zu Afghanistan gehören. Schließlich machte er sich zum Herrn über Indien. Unter seiner Führung begann der sprichwörtliche Glanz und Reichtum der Moghuln zu wachsen, der unter Kaiser Akbar dem Großen und seinen Nachfolgern seinen Höhepunkt erreichte, um unter, vor allem jedoch nach Kaiser Aurangzeb schließlich im beginnenden 18. Jahrhundert zu verblassen.

Baburs umfangreiche Darstellung der Ereignisse (*veqâyi-i Baburi*) besteht aus drei Teilen: Herkunft und Jugend Baburs, Eroberungen und politische Auseinandersetzungen sowie schließlich – dies mehr in Form eines Tagebuches – Baburs Zeit als Herrscher in Indien. Politik wie Persönliches, Hofleben und Alltag werden literarisch so dokumentiert, dass das Werk eine unentbehrliche Quelle zur Erforschung dieser Zeit ist – bis in unsere Tage.

Auf einige bedeutende Autoren der modernen usbekischen Literatur, der literarischen Nachfahren Baburs gewissermaßen, werden wir später noch zu sprechen kommen. Wie bei Kasachen, Turkmenen und anderen ist sie nicht denkbar ohne die historischen Ereignisse, das heißt die kulturellen und politischen, auch ökonomischen Veränderungen und Verwerfungen, die mit der zunächst russischen, dann sowjet-kommunistischen Periode in Verbindung stehen. Wir konnten das schon im Falle des kasachischen Autors Abaj demonstrieren. Im Falle des zweiten Kasachen, MUCHTAR AUESOW, werden wir ebenfalls darauf zu sprechen kommen. Beim Volk der Usbeken kann man von einer parallelen Entwicklung reden, wie sie bei Autoren deutlich wird, die am Übergang von der Zarenherrschaft zum Kommunismus, dann wieder beim Wechsel vom Sowjetkommunismus zur Unabhängigkeit schrieben und ihre Wirkung entfalteten.

Im heutigen, seit 1991 selbstständigen Usbekistan legt man übrigens durchaus Wert auf die Feststellung, dass in der usbekischen Kultur und natürlich auch Literatur und Dichtung viele Elemente zusammenwirken, auch ethnisch. Dies galt ja auch schon für die Epoche Navois. Die Region ist ein Schmelztigel der Völker geblieben, wie sie es seit alters her gewesen war.

Die usbekische Volksdichtung ist, wie so oft, die Hefe für die Literatur der modernen Zeit geworden, Grundlage für die nationale Ausrichtung, die eben ein Zeichen der Moderne ist. Das alte Epos »Alpamisch« ist ebenso Ausdruck dieser oralen Tradition wie das Werk »Gorogli«. Bekannt wurden die beiden romantischen Geschichten um »Tachir und Suchra« und »Yusuf und Ahmed«. Was Abaj für die Erweckung und Modernisierung der kasachischen Literatur wurde, ist ABDULLA QODIRY (Kadirow) für die usbekische geworden. Er lebte von 1894 bis 1938 und wurde in den zwanziger Jahren der Schöpfer der zeitgenössischen usbekischen Prosa. Sein Leben allerdings verlief anders als das Abajs. Qodiry enstammte einer armen Familie in Taschkent, wo er auch geboren wurde; er musste sich mit großer Energie hochkämpfen. Nach dem Besuch islamischer und russischer Bildungsanstalten wurde er ein durchaus enthusiasmierter Befürworter der bolschewikischen Revolution, des Marxismus und Kommunismus. Wie praktisch alle orientalischen Autoren begann auch der junge Abdulla seine schriftstellerische Laufbahn mit Poesie, der traditionellsten und auch angesehensten aller Gattungen. In den Zwanziger- und Dreißigerjahren wandte er sich dann der Prosa zu, was wohl auch mit der lehrhaft-aufklärerischen Auffassung zu tun hatte, die er von der Aufgabe der Dichtung hatte. Der historische Roman bot sich dafür an. In diesem Genre leistete Qodiry Pionierarbeit für die usbekische Literatur.

Mitte der Dreißigerjahre wendete sich politisch das Blatt: Seine dem Regime gegenüber immer kritischer werdende Einstellung brachte ihn ins Gefängnis, auf dem Höhepunkt der Stalinschen Säuberungen wurde er erschossen. Für die heutigen Usbeken ist Qodiry nicht allein der Vater ihrer zeitgenössischen Literatur, sondern auch ein Märtyrer-Held.

Navois tatarische Erben oder die Aufklärer des Dschadidismus

Ismail Gaspiralis Werk

»Dschadid« ist das arabische Wort für »neu«. Es ist auch in viele Turksprachen eingedrungen und findet noch heute Verwendung. Als Dschadidismus – Erneuerungsbewegung, Modernisierung – bezeichnet man eine kulturelle Bewegung zwischen dem ausgehenden 19. und dem beginnenden 20. Jahrhundert, die stark türkisch geprägt worden ist und unter den Muslimen des zaristischen Russlands zwischen der Krim und Mittelasien zahlreiche Anhänger fand. Von dort aus drang sie auch in andere Regionen des dar al-islam vor. In der Türkei prägten sich auch Begriffe wie *muasirlaşma* (Zeitgenössisch-Werden), *modernleşme* (Sich-Modernisieren), *garblaşma* (Sich-Verwestlichen), *yenileşme* (Sich-Erneuern) ein. Diese Wörter hängen mit dem literarischen Schaffen des Denkers Ismail Gaspirali (Gasprinskij) zusammen, den wir nun näher vorstellen wollen. Er war der auch sprachlich schöpferische Stichwortgeber für diese kulturellen Veränderungen auf die Zukunft hin, die man insgesamt *teceddüt hareketi* nannte – Erneuerungsbewegung. Bisweilen wurde sogar der Begriff *nahdet* dafür verwendet, in Analogie zur *nahda* (Wiedergeburt) in den arabischen Reichsteilen.

Bei der Behandlung des Tschagatai-Türkischen hatten wir darauf hingewiesen, dass dieses Idiom eine Zeitlang so etwas war wie eine türkische Lingua franca vor dem Hintergrund der Herrschaft, später des Zerfalls der Goldenen Horde (Altin ordu), die zwischen den westrussischen Steppen und Mittelasien die Macht innegehabt hatte. Westlich der Wolga veränderte sich dieses Türkisch stark, möglicherweise deshalb, weil der Einfluss des Osmanischen Weltreiches lange Zeit bis zu den Türken auf der Krim, in die nogaischen Steppen und bis zur Wolga hin ausstrahlte. Das Krimtatarische heute ähnelt stark dem Türkeitürkischen, und auch das Tatarische von Kasan an der Wolga kann von einem Türken aus Ankara leichter verstanden werden, als das Usbekische, Kasachische oder Kirgisische. Das gilt auch für das von Gaspirali geschriebene Türkisch.

Es muss jedenfalls Zusammenhänge, möglicherweise Reziprozitäten geben zwischen den osmanischen Türken und jener Dschadidisten-Bewegung, die ihren Ursprung unter den Krimtataren und den Tataren von Kasan hat. Bis zur Zerschlagung des einstmals mächtigen Khanats der Giray 1783 durch Katharina II. kamen türkische Siedler auf die Krim, umgekehrt flüchteten Krimtataren, insbesondere seit 1855, dem Jahr des Ausbruchs des Krimkrieges, nach Anatolien und nach Konstantinopel/Istanbul. Und natürlich spielte die Russifizierung eine kaum zu unterschätzende Rolle. Schon der junge Lev Tolstoj studierte – wenigstens nominell – an der Universität Kasan Orientalistik; dort war ein Zentrum orientalischer Studien entstanden. Turkologie betrieben dort bereits türkische (tatarische) Gelehrte wie ŞEHABEDDIN MERCANI und KAYYUM NASIRI. Die Universität von Kasan errang nicht zuletzt deshalb einen so guten Ruf, weil sie sich die Vermittlung zwischen russischer und turko-tatarischer Welt zum Ziel gesetzt hatte. Hätte sie versucht, mit den sozusagen klassischen Fächern mitzuhalten, wäre sie hoffnungslos unterlegen gewesen, schreibt der sowjetische Autor Viktor Schklowski in seiner monumentalen Tolstoj-Biografie.

Der bekannteste Vertreter der krimtatarisch-türkischen Renaissance, ihr größter Schriftsteller und Denker ist ISMAIL GASPIRALI, in der russischsprachigen Literatur Gasprinskij genannt; er war vielleicht der größte Erneuerer der türkischen Kultur vor Kemal Atatürk. Seine Wirkung erstreckte sich nicht allein auf seine krimtatarischen Landsleute im engeren Sinne, sondern erreichte auch die reformistisch gesinnten Kreise im Osmanischen Reich und gelangte schließlich sogar – über Kasan, wo er sich ebenfalls aufhielt – bis nach Mittelasien. Gaspirali war auch ein überaus fleißiger und einflussreicher Publizist und Journalist, dazu auch politisch aktiv.

Gaspirali wurde am 8. März 1851 in einem kleinen Ort auf der Halbinsel Krim, Avciköy nahe Bahçesaray, geboren und starb am 11. September 1914. Die unerwartete Rückkehr, die den Krimtataren im ausgehenden 20. Jahrhundert nach dem Zusammenbruch der Sowjetunion erlaubt wurde, hat dort zwar neue Probleme geschaffen, bedeutete jedoch für die Tataren eine Genugtuung nach langen Leiden in der Stalinzeit. Gaspirali ist für sie auch heute wieder die Identifikationsfigur schlechthin. In Bahçesaray, der alten Hauptstadt, haben sie ihm ein Denkmal gesetzt. Sein Familienname bezieht sich übrigens auf das Dorf Gaspra, wo sein Vater auf die Welt kam, nicht er selbst. Doch dieser Krimtatar, der neben seiner islamisch-türkischen auch eine russische Ausbildung erhielt, ist zumindest dem Namen nach vielen Türken bekannt. Er war der erste moderne islamisch-türkische Intellektuelle im Russischen Reich überhaupt. Und mit Recht schreibt man ihm die Schaffung jener Bewegung zu, die Dschadidismus – Islamische Erneuerung genannt wird. Ohne ein wüster Panturanist zu sein, sprach sich Gaspirali doch für eine Vereinigung und Einheit (*birlik*) der Turkvölker aus. Auch stand er zeitweise dem Panislamismus nicht fern. Er verstand ihn als eine Art Autoemanzipation gegenüber dem Russentum und dessen autokratischer Herrschaft über die türkischen (und muslimischen) Völker. Sein Motto lautete: »Dilde, fikirde, işte birlik!« – Einheit in der Sprache, im Denken und im Handeln! Das Wort *din*, Glaube, Religion, fehlt in dieser Formel, was deutlich macht, dass Gaspirali kein Islamist war, wie man heute sagen würde, obwohl ihm eine spirituelle Renaissance auch des Islams durchaus am Herzen lag. Wie kam es zum Aufstieg dieses Mannes aus einer eher als exotisch geltenden Gegend des Russischen Reiches?

Nach Beendigung der Schule verließ Gaspirali die Krim und setzte seine Studien in Woronesch fort. Dort nannte man ihn erstmals russifiziert »Gasprinskij«. An der Heeresakademie in Moskau wurde er mit den damals aufkommenden Ideen und Gedanken der panslawistischen Ideologie bekannt, die gegenüber den Minderheiten – und die Tataren bildeten eine beträchtliche Minorität – weniger duldsam war, als frühere Vorstellungen des Zartums über sich selbst. Gaspirali spürte Aversionen gegen die Tataren und Muslime. Über das Russische eignete sich der junge Tatar westliche Bildung an, die von nun an zum Vorbild für ihn wurde. Nach einigen Jahren als Lehrer auf der Krim, unter anderem bei Bahçesaray und in Jalta, begann er sich publizistischer und schriftstellerischer Tätigkeit zu widmen. Sein Nachdenken über die kulturelle Erneuerung begann mit dem Entwerfen neuer Methoden (*usul-i cedid*) im Religions- und Sprachunterricht, wobei Gaspirali dafür warb, die alten Prinzipien der bloßen Nachahmung (*teklid*) und Wiederholung, der islamischen Scholastik mithin, abzuschaffen und durch westliche Wege des Lernens

94

zu ersetzen. Er begann selbst damit in seinem Türkischunterricht. Zwischen 1871 und 1874 hielt er sich zu Studien in Paris auf, wo er endgültig mit dem Wissen und den Methoden der westlichen Zivilisation vertraut wurde, mehr jedenfalls als in der russischen Provinz. Doch obwohl er sich in umfassender Weise fortgebildet hatte, konnte er sich seinen Wunsch, in Istanbul, der Hauptstadt des Reiches und dem Zentrum der türkischen Kulturwelt, heimisch zu werden, nicht erfüllen. Er fand dort keine Anstellung und ging zurück auf die Krim. Als gewählter Bürgermeister von Bahçesaray setzte er dort Neuerungen durch, widmete sich aber allmählich mehr und mehr seiner schriftstellerischen Tätigkeit. Sie ist reichhaltig und umfasst neben zahlreichen Artikeln auch umfangreichere Werke. Etwa drei Dutzend Bücher hat Gaspirali verfasst, das erste 1881 auf Russisch, »Russkoje Musulmanstwo« (Das Mohamedanertum in Russland), die übrigen auf Türkisch, respektive Krimtatarisch. Da ragen hervor: »Avrupa medeniyetine bir nazar-i muvazene« (Ein vergleichender Blick auf die europäische Zivilisation), »Medeniyet-i Islamiye« (Die islamische Zivilisation) und »Mekteb ve usul-i cedid nedir?« (Was ist die neue Schule und Methode?). Letzteres Werk erschien 1894 in Bahçesaray und erläutert die wichtigsten Prinzipien (*usul*) des Dschadidismus.

Im Osmanischen Reich hatte um die Mitte des 19. Jahrhunderts die Publikation erster Zeitungen eingesetzt, von denen manche sogar einigermaßen berühmt wurden, etwa »Takvim-i vekâyi«, »Tasvir-efkâr«, »Ceride-i havâdis« und andere. Damit begann nun auch Ismail Gaspirali. Sein Name wird für immer mit der Gründung und Herausgabe der Zeitschrift »Tercüman« (Der Dolmetscher) verbunden bleiben, eines aufklärerischen Blattes, das von 1883 bis 1918 herauskam. Tercüman, dessen russischer Titel »Perevočik« lautete, wurde das Zentralorgan des Dschadidismus. Gaspiralis Vorbild war der Istanbuler Dichter und Journalist IBRAHIM ŞINASI (1826–1871). Unter der Federführung Gaspiralis wurde der Dschadidismus eine Kulturbewegung. Zu den wichtigsten Erkenntnissen des Tataren gehörte, dass die Muslime Russlands und Mittelasiens vor allem durch Bildung Anschluss an den Westen und an die Moderne finden konnten. Diese galt es nicht allein zu intensivieren, sondern insgesamt völlig umzugestalten. Ein Zitat:

»Unsere Zurückgebliebenheit (*gericilik*) hat als einzigen Grund unsere Unwissenheit (*cehalet*). Wir haben keinen Begriff davon, was in Europa geschaffen worden ist oder was es dort alles gibt. Um uns von dieser Isolation zu befreien, ist es notwendig, dass wir lesen; wir müssen die Gedanken Europas aus europäischen Quellen lernen. Die Lehrpläne der Lektionen unserer Grund- und Mittelschulen müssen so gestaltet werden, dass unsere Kinder und Schüler diese Gedanken rezipieren können … «

Das Werk Gaspiralis hat, trotz Rückschlägen, tief eingewirkt auf die Modernisierungsprozesse in der türkischen Welt. Nicht nur in seiner unmittelbaren Heimat, sondern auch in Mittelasien, wo man noch weitaus weniger vom Modernismus berührt worden war als in den westuralischen Teilen Russlands. Vor allem die säkularen Aspekte von Gaspiralis Denken waren seither nicht mehr rückgängig zu machen. Bedeutsam war in diesem Kontext, dass Gaspirali sich auch als Journalist betätigte. Nur so war die Breitenwirkung zu erzielen, die seine Gedanken im Süden Russlands, in Kaukasien und auch in der Türkei selbst fanden. Gaspirali gab der Erziehung und Bildung Vorrang vor allem anderen, aus verständlichen Gründen. Und so verwundert es nicht, dass er mit »Alem-i nisvân« und »Alem-i subyân« zwei Zeitschriften herausgab, die sich besonders an Frauen und Jugendliche wandten: Welt der Frauen und Welt der Jugend.

In Gaspiralis Wirken zeigt sich die ganze Zweispältigkeit der Abhängigkeit einerseits und der Förderung durch Russland und die russische Kultur andererseits. Wie Abaj Kunanbajew (und viele andere) hatte Gaspirali das Glück, der russischen Kultur gerade zu jenem Zeitpunkt zu begegnen, da diese einem Höhepunkt zustrebte – vor allem literarisch und in Bezug auf zukünftige gesellschaftliche Visionen. Große Autoren wie Tolstoj, Dostojewskij, Ostrowskij, später Tschechow erlebte er als Zeitgenossen und als anregende prägende kulturelle Kraft. Ähnliches gilt für die russischen Radikalen jener Tage, die – sei es anarchistisch, sei es sozialistisch ausgerichtet – auf Reform und Veränderung drangen. Dies befruchtete einen Mann wie Gaspirali zweifelsohne; doch die russische Zensur und andere politisch-bürokratische Hemmnisse machten ihm auch das Leben schwer. Dies gilt auch für den tatarisch-türkischen Intellektuellen, den wir als nächstes behandeln wollen.

Yusuf Akçuraoglu und der säkulare Türkismus

Ein tatarischer Jünger Gaspiralis, der vieles zuspitzte, was dieser mehr angeregt und auf breiter Grundlage zu gestalten versucht

hatte, war Yusuf Akçura (1876–1935), heute meistens Akçuraoglu genannt. Er trat für eine Modernisierung der muselmanischen
Welt ein, verschärfte jedoch die bei Gaspirali vorhandenen panislamischen (dies jedenfalls zu Beginn seiner Laufbahn, während er
später Säkularist wurde) und pantürkischen Tendenzen (*ittifak-i
müslimin*). Die heutige Türkische Republik, in der Akçuraoglu die
längste Zeit seines Lebens wirkte, sieht in seiner Person einen der
Gestalter des sprachlich-kulturellen Unterbaus (oder Überbaus, je
nach Auffassung) der modernen türkischen Nation und ihres neu-
en Staates nach dem Kollaps des Ottomanischen Reiches als Folge
des Ersten Weltkrieges. Doch an Yusuf Akçuraoglu scheiden sich,
gerade in der Türkei, die Geister. So sind viele Kurden auf ihn alles
andere als gut zu sprechen, sehen sie doch in ihm den Leib- und
Magenideologen des Türkismus (*türkçülük*), der zudem dem Türkismus noch eine besondere ethnische, panturanistische Tendenz
beimischte.

Akcuraoglu stammte von Tataren in Russland ab. Sein tatarischer
Name ist Yosif Aqcura. Er wurde 1876 in Simbirsk an der Wolga, das
heute Uljanowsk heißt, geboren. Im Alter von sieben Jahren floh er,
wie viele seiner Landsleute, ins Osmanische Reich, das sich als Refu-
gium für praktisch alle Türken oder Muslime des Russischen Reiches
anbot. Nach Absolvierung der Harbiye in Istanbul/Konstantinopel,
der Militärakademie, erhielt er eine Generalstabsausbildung, konnte
diese aber nicht beenden, da er wegen revolutionärer Umtriebe ver-
urteilt und in den Fezzan, das heißt nach Libyen »innerosmanisch«
verbannt wurde. Es war die Zeit des seit 1876 herrschenden Sultans Abdülhamit II. der überall in seiner Umgebung wirkliche oder
vermeintliche Feinde witterte, sich andererseits jedoch auch durch
den Widerstand fortschrittlicher, »patriotischer« Kräfte herausge-
fordert sah. Abdülhamit setzte ganz auf die panislamische Karte,
darin bestätigt durch Dschamâl al-Din al-Afghâni (1838–1897),
den bedeutendsten Theoretiker und Propagandisten des Panislamismus. Afghâni war wohl aus Persien gebürtig, nannte sich aber »der
Afghane«, um seine schiitische Herkunft zu verbergen. Im Jahre
1899 ging Akçuraoglu, wie so viele türkische Intellektuelle bereits
vor ihm, ins Exil nach Paris. Wegen seiner scharfen Kritik blieb ihm
die Rückkehr in das Osmanische Reich für etliche Jahre verwehrt,
sodass er sich zunächst wiede nach Kasan begab, in die alte Heimat.
Von dort setzte er seine schriftstellerische Tätigkeit fort. In Kairo,
das dem Sultan nur noch nominell unterstand, erschien im Jahre

1904 in der Zeitschrift »Turk Gazetesi« sein Werk »Üç Tarz-i Siyaset«, Drei Formen der Politik, in dem er drei politische Ideologien beschrieb und in Bezug auf das Türkenvolk gegeneinander abwog: Panislamismus, Osmanismus und Türkismus. Man kann sich vorstellen, worauf das Ganze abzielte: Der Autor sprach sich für den Türkismus, eben *türkçülük*, aus, das heißt für die nationalistischste der drei behandelten Arten von Politik. Das Wort *siyaset* meint dabei nicht nur die Verfolgung einer gewissen politischen Richtung, sondern das Streben nach einer spezifisch türkischen Form gesellschaftlicher, sprachlicher wie kultureller Verfasstheit. Wie alle Pantürkisten und Panturanisten nach ihm sah er in den türkischen Völkern eine Einheit, deren inneren Zusammenhang es bis hin zu den verwandtschaftlichen Verhältnissen zu erforschen galt. Selbstverständlich auch bezogen auf Sprachen und Dialekte.

Nach seiner Rückkehr in die Türkei im Jahre 1911 gründete er zunächst die Zeitschrift »Türk Yurdu«, Türkische Heimat; im Jahr darauf trat er der Intellektuellenvereinigung »Türk Ocagi«, Türken-Herd, bei, die stark national, um nicht zu sagen nationalistisch gesinnt war. In diesen Jahren kehrte sich Akçuraoglu von panislamischen Ideen ganz ab, hob das Nationaltürkische auch in einem ethnischen Sinne besonders hervor und wurde zum wichtigsten Propagandisten des Pantürkismus und Panturanismus mit seiner einheitlichen Geschichtsvision für alle Völker türkischer Zunge. Die Abkehr vom Islam als tragendem Element des Türkisch-Seins kennzeichnet auch den gravierenden Unterschied zwischen Akçuraoglu und Ziya Gökalp – dem zweiten großen Theoretiker des türkischen Nationalismus –, dessen Türkismus nach wie vor auf den Islam als konstituierendes Element abstellt.

Akçuraoglus säkularer Türkismus machte ihn Mustafa Kemal Pascha, dem späteren Atatürk, sympathisch. Es kam zu engen Kontakten zwischen beiden Persönlichkeiten. Mit Fug und Recht kann man sagen, dass der Tatar Akçuraoglu von der Wolga in der Anfangsphase der neu gegründeten Türkischen Republik zu ihrem einflussreichsten Ideologen wurde. Seit 1932 bis zu seinem Tod am 11. März 1935 in Istanbul war Akçuraoglu maßgebliches Mitglied der »Türk Tarih Kurumu«, der Türkischen Historischen Gesellschaft, die in jenen Jahren eine völlige Kehrtwende in der Geschichtsauffassung der Türken auszuarbeiten begann. Von der islamischen Universalgeschichte der Osmanen, deren mythologisch-erzählerische Keimzelle »Osmans Traum« war und die sich im Sultanat und Kalifat verwirklicht hatte, strebte man nach einer türkischen Nationalgeschichte, die – radikal formuliert – die islamischen Jahrhunderte schlichtweg vergessen machen sollte. Diese neue Geschichtsvision prägt den sogenannten Kemalismus bis heute, wenn auch das Osmanische Reich inzwischen differenzierter beurteilt wird. Man versteht indessen angesichts dieser radikalen Kehrtwende, warum zwischen den stark islamisch, wenn nicht gar islamistisch geprägten Türken, die seit Jahren gewissermaßen im historischen Aufwind leben, und den strengen Säkularisten krasses Unverständnis herrscht: Man lebt definitiv in zwei verschiedenen Welten. Die moderne Türkei ist eine gespaltene, polarisierte Gesellschaft; und diese Polarisierung ist längst auch in den mittelasiatischen Republiken zu beobachten, die in den Neunzigerjahren ihre Unabhängigkeit errungen haben.

Eine Gestalt wie Akçuraoglu wird dementsprechend zwiespältig rezipiert. Es ehrt Atatürk, dass er sich vom Türkismus zwar inspirieren ließ, den Pantürkismus und Panturanismus – zumal unter außenpolitischen Vorzeichen – jedoch abwehrte. Ihm ging es darum, die neue Geschichts- und Staatsauffassung im Sinne eines türkischen Nationalstaates durch Forschung zu stützen, nicht aber im Stile eines Enver Pascha, der 1922 bei Kämpfen in der Nähe von Buchara fiel, einem neuen türkischen Großreich das Wort zu reden oder dessen Errichtung gar zu betreiben. Leider »bedienen« sich die türkischen Rassisten, Faschisten und extremen Nationalisten auf ihre Weise bei Akçuraoglu. Auf diesem Wege gelangt man unversehens zu den so volatilen, ungesicherten Verhältnissen im heutigen Mittelasien.

Moderne Zeiten. Zeitgenössische Autoren Mittelasiens

Der Mensch zwischen Natur und Zivilisation

Wenn wir uns nun der literarischen Moderne in Mittelasien zuwenden, so meinen wir damit zunächst noch nicht das Hier und Heute, die Zeitgenossenschaft, sondern jene Literatur der türkischen Völker Zentralasiens, die in die Epoche der Beherrschung und Durchdringung durch die imperialistischen Russen, danach durch die nicht weniger imperialistischen Sowjets verfasst worden ist. Bei der Behandlung von Abaj Kunanbajew, dem wohl größten »modernen« Dichter Mittelasiens, klang dieses Thema ja schon an. Die Begegnung mit der russischen Literatur und Kultur bedeutete eben doch die Öffnung eines großen Fensters zur Welt. Auch in den gegenwärtigen Zeiten der nationalen Unabhängigkeit und trotz der intensiven Bemühungen um nation building bleiben die Eliten jener turksprachigen Völker durch Russland und die russische Sprache und Kultur (mit)geprägt. Wir haben gesehen, dass türkische Dichter und Literaten nicht immer nur in ihrer türkischen Muttersprache Werke geschaffen haben, sondern dass sie im Verlauf der mehr als tausend Jahre des türkischen Schrifttums sich auch in anderen Sprachen (und Schriften) ausdrückten, unter dem Islam vor allem im Persischen und Arabischen. So ist es nicht ungewöhnlich, dass Autoren aus Kasachstan, Usbekistan oder Kirgistan bis heute das Russische als ihr sprachliches Medium gewählt haben, auch wenn sie die eigene türkische Muttersprache noch beherrschten. Man muss einfach sehen, dass der Zugang zur Moderne über die russische Sprache viel leichter zu gewährleisten war als durch das Kasachische oder Kirgisische. Wenn heute ein Schriftsteller wie Cengiz (Tschingis) Aitmatow in aller Welt bekannt ist, liegt das natürlich auch daran, dass er vornehmlich in Russisch publizierte; das erleichterte – neben der Verbreitung – auch die Übersetzung in andere Weltsprachen ungemein. Seine beiden ersten Werke, darunter die weltberühmt gewordene Erzählung »Dschamilja«, schrieb er auf Kirgisisch, alle folgenden dann in Russisch. Der große Kenner der mittelasiatischen Kultur Friedrich Hitzer zitierte in diesem Zusammenhang (Oxus, Band 1) einen bekannten Vers des kasachischen Lyrikers Olschas Süleimenow: »Erhöhen wir die Steppen, ohne fremde Berge abzutragen«. Er meinte damit, man solle die eigene Kultur auf ein höheres Niveau heben, ohne die fremde, die russische, fallen zu lassen. Letzteres sei eine chauvinistische Torheit, mit der man sich nur selbst schade.

Eine durch übertriebenen Nationalismus geförderte Abschaffung des Russischen als allgemeine Kommunikationssprache würde auch dazu führen, dass sich die Autoren jener türkischen Welt in eine fast gänzliche Isolation begäben. Die große Mehrheit der Intellektuellen in Mittelasien sieht das offenbar so, was ja nicht ausschließt, gleichzeitig die Selbst- und Rückbesinnung auf das Eigene zu fördern und zu fordern. Und dies geschieht ja auch. Dass dabei ein eher langsameres Tempo eingeschlagen wird, zeigt sich auch an der Politik gegenüber der Muttersprache und insbesondere der Schrift. Obwohl zum Beispiel in Kasachstan die Einführung der Lateinschrift theoretisch beschlossen ist und ein Alphabet bereits existiert, lässt man sich damit Zeit. Dafür spricht tatsächlich vieles. In den anderen zentralasiatischen ehemaligen Sowjetrepubliken liegen die Dinge ähnlich. Versuche mit eigenen Alphabeten sind sowohl in Turkmenistan als auch in Usbekistan erfolgreich im Gange.

Angesichts dieser Situation verwundert es nicht, dass ein großer und wichtiger Teil der modernen und zeitgenössischen Literatur der Türken Mittelasiens in russischer Sprache verfasst oder umgehend in diese übersetzt worden ist. Diesen Autoren wollen wir uns nun zuwenden. Das soll dazu beitragen, jenes »Schwarze Loch« ein wenig zu füllen, von dem gelegentlich in Bezug auf die mittelasiatische Literatur gesprochen worden ist. Hinter ihm verbirgt sich noch immer ein Eurozentrismus, der angesichts der nicht aufzuhaltenden Globalisierung der Vergangenheit angehören sollte.

Es mag viele überraschen, aber die modernen Autoren Mittelasiens zwischen Taschkent und Bischkek sind in gewisser Weise die fortschrittlichsten der Welt. Während die Vertreter der westlichen Literaturen stark individualistische, ja existenzialistische Themen gestalten – die Verlorenheit der Großstadtnomaden, Beziehungsprobleme, sexuelle Freizügigkeit, Heterosexualität, Homosexualität, Feminismus, Neurosen und Psychosen aller Art – widmen sich die kasachischen, kirgisischen oder usbekischen großen Autoren jenen Problemen, auf die man in Europa und Amerika erst vor einer Generation aufmerksam zu werden begann. Diese Autoren waren und sind »grün«, ohne dass sie in ihrer Jugend oder ihren mittleren Jahren genau wussten, was das ist. Da wurden sie zum Kommunismus erzogen, der die Welt ingenieurhaft umgestalten wollte. Ihre alternative Weltsicht, die im Folgenden darzustellen sein wird, wurzelt in ihrer natürlichen Umwelt und Herkunft. Dies ist auch der beste Einwand gegen mögliche Vorwürfe, es handele sich dabei um eine Art »Blut und Boden«-Romantik. Aber Ideologie ist dabei am wenigsten im Spiel, sondern Tradition im besten, menschenfreundlichsten Sinne. Es sind vielmehr die jahrhundertelangen Prägungen eines nomadischen Wanderlebens, das mit der Natur vonstatten ging, in sie gewissermaßen eingekörpert war, gerade um des Überlebens willen. Bei Tschingis Aitmatow und MUCHTAR SCHACHANOW ist das am stärksten ausgeformt. Diese mittelasiatischen Autoren sind keine zivilisationsmüden Ausgeflippten, die auf der Suche nach neuen, diesmal einfachen Reizen sind, weil Übersättigung sie krank gemacht hat; und sie streben auch nicht nach einer vorgeblich gesunden Ideologie der »völkischen Scholle«, welche Identität stiften soll. Auch ist es nicht so, dass jene Schriftsteller die Errungenschaften der Moderne zur Gänze ablehnen.

Muchtar Auesow – Abajs begeisterter Jünger

Flüchtig betrachtet könnte man MUCHTAR AUESOW, den Schöpfer der modernen kasachischen Prosa, für einen Doppelgänger, Wiedergänger oder eine Wiedergeburt von Abaj Kunanbajew halten. Nicht nur ähnelt sein Leben über weite Strecken demjenigen Abajs, auch sein Werk steht ganz in seinem Zeichen. Muchtar Omarchanuly (russisch: *Omarchanowitsch*) Auesow wurde am 28. September 1897, wie Abaj, in einem Dorf bei Semey (Semipalatinsk) geboren, das heißt in den Tschingis-Bergen Ostkasachstans. Er entstammte einer Nomadenfamilie und demselben Stamm wie Abaj. Die Familien waren also flüchtig miteinander verwandt. Zunächst besuchte er eine Madrasa, um in den Koran eingeführt zu werden, anschließend eine russische Schule mit dem Ziel, Lehrer zu werden. Mit dreiundzwanzig Jahren beendete er das Studium und trat 1919 in die Kommunistische Partei ein.

Wie sein Vorbild Abaj war auch er schon als Schüler und Student durch Schreiben hervorgetreten. Im Jahre 1922 wurde sein erstes Drama in kasachischer Sprache gedruckt, das zuvor im Rahmen seines Stammes aufgeführt worden war. Es handelte sich um das Stück »Englik und Kebek«, eine Adaption des Romeo-und-Julia-Stoffes, der in der islamischen Kultur und Literatur durch Liebespaare wie

Leyli und Mecnun (Laila und Madschnun), Ferhat (oder Chosrau) und Şirin oder Vamik und Azra besetzt ist. Der junge Auesow war mit den Liedern, Sagen und Legenden der Kasachen bekannt geworden, aus deren Kreis er Stoffe für seine Arbeiten suchte.

Es war eine turbulente Zeit, die es dem jungen Kasachen nicht leicht machte, sich zu orientieren. Der Bürgerkrieg zwischen Weißen und Roten tobte jahrelang, Auesow hatte sich für die Roten entschieden und in ihrem Namen sowohl in Semipalatinsk als auch im süduralischen Orenburg Verwaltungsaufgaben inne. Doch er war auch ein national bewegter Kasache, der zu seinem Volk stand. Schon 1922 exkommunizierten ihn die Bolschewiki, weil er gegen die Parteidisziplin verstoßen habe – ein Allerweltsvorwurf zu jener Zeit. An der Universität von Taschkent hatte er Lehrverpflichtungen zu erfüllen. Dann studierte er Philologie in Leningrad. Die Schwierigkeiten mit dem System führten dazu, dass sich Auesow mehr und mehr mit seiner literarischen Arbeit identifizierte und sich für einige Zeit zurückzog. Im Jahre 1930, am Beginn der Stalinschen »Säuberungen«, wurde er verhaftet und vor Gericht gestellt. Man warf dem Autor und Akademiker vor, in die nationalistischen Umtriebe zu Beginn der Zwanzigerjahre verstrickt gewesen zu sein, als die Turkestaner unter Führung der Alasch Orda einen teilweise auch bewaffneten Widerstand gegen Russen wie Kommunisten leisteten. Es war schlicht und einfach ein Freiheitskampf. 1922 war zum Beispiel Enver Pascha, der ehemalige Kriegsminister des Osmanischen Reiches, bei Buchara an der Spitze solcher Partisanentruppen gefallen, die für ein freies Turkestan kämpften. Die Russen nannten diese Kämpfer mit einem türkischen Wort »Basmatschen«, was sie in ein schlechtes Licht rücken sollte, so als seien diese Freiheitskämpfer schlichte Straßenräuber und Unterdrücker gewesen. Bis in die Dreißigerjahre hinein dauerte der letzte Widerstand der Turkestaner. Auesow musste zweieinhalb Jahre ins Gefängnis.

Nach seiner Freilassung nahm er sein großes Werk in Angriff: den Roman über Leben und Werk Abajs, seines Idols. Der erste Band erschien 1942, der zweite einige Jahre später. Schon 1950 wurde das Buch ins Russische übersetzt und fand so auch seinen Weg in andere westliche Sprachen. 1953 kam die deutsche Fassung heraus. Auesow war inzwischen, an der Universität von Taschkent lehrend, wieder in den Schoß der Kommunistischen Partei zurückgekehrt und wurde zu einem ihrer staatstragenden Kulturfunktionäre in der kasachischen Heimat. Er blieb das auch bis zu seinem Tod. Nach außen hin machte der Dichter den Eindruck absoluter Linientreue, die er auch – es war die zu jener Zeit übliche Methode – jeweils im Vorwort seiner Werke bekräftigte; doch seine Schriften sprechen eine andere Sprache, eben die der Kunst. Die Ehrungen durch den Sowjetstaat konnten ihn in seiner Treue zu seinem Kasachenvolk nicht wankend machen.

Das Thema seines großen Romans ließ ihn zeitlebens nicht mehr los, seine endgültige Fassung erhielt er in vier Teilen unter dem Titel »Abaj scholy« (türkisch: *Abay'in yolu*), Der Weg Abajs, im Jahre 1952. Es ist ein Prosawerk von vielen hundert Seiten, von Tolstoj-Länge sozusagen. Es beginnt mit Abajs Kindheit in seinem Aul in den Tschingis-Bergen. Der Junge erlebt das Familienleben im Zusammenhang mit dem Stamm, in dessen Gefüge der Vater Kunanbai das Amt eines *bij* (Richters) ausübt – teilweise nach den drakonischen Strafregeln des *scheriat*, des religiösen Gesetzes. Der Junge wächst jedoch auch mit den Liedern der Akynen auf, die zum Teil auch in der Familie vorgetragen werden. So erlebt Abaj das Negative und das Positive im Gefüge der Traditionen der Kasachen, und all dies formt ihn und sein späteres Denken.

Manche Kritiker haben dem großen Werk über Abaj seine Längen vorgeworfen. Es ist ein Punkt, der immer wieder auch gegen andere Autoren aus Mittelasien vorgebracht wird. Die meistens von der Literatur des Westens geschulten Leser sind entweder die Hetze und Atemlosigkeit eines großen Teils der modernen europäischen und/oder amerikanischen Literatur gewohnt und empfinden nun die »Längen« bei Schriftstellern wie Auesow als störend. Manchmal muss auch der sozialistische Realismus herhalten, wenn es darum geht, inhaltliche und stilistische Ausuferungen zu begründen. Tatsächlich wusste sich Auesow, zumindest in der zweiten Hälfte seiner schriftstellerischen Karriere, dem sozialistischen Realismus theoretisch verpflichtet. Doch auch die russische Romantradition des 19. Jahrhunderts wird häufig herangezogen, die langen Romane Tolstojs, Dostojewskijs oder Pissemskijs und anderer. Insbesondere von Tolstoj haben wohl alle Autoren Mittelasiens gelernt, sofern sie eine höhere russische Bildung erhielten.

Wir fragen allerdings, ob nicht all diese Argumente, die da vorgebracht werden, letztlich in die Irre gehen. Könnte es nicht sein, dass sich in der epischen Breite, die auch bei vielen anderen Autoren dieser Region anzutreffen ist, einfach der *Genius* der Menschen Mittelasiens ausspricht, dass es weniger formale Prinzipien oder Zwänge sind, als vielmehr etwas Geistiges, das schwer zu fassen ist, das jedoch mit der jahrtausendelangen Prägung der mittelasiatischen Seele zusammenhängen mag. Zu Beginn dieses Buches nannten wir die Steppen, Halbwüsten und Wüsten, die Ebenen Zentralasiens einen Ozean; seine Weite lebt, wirkt und schafft in den Menschen, die – obwohl auf der Erde sich bewegend – in seiner Unendlichkeit gewissermaßen schwimmen. Es ist ein Rhythmus, den die Natur dem Nomaden vorgibt, den weniger der Mensch selbst bestimmt – es sei denn in seinen künstlerischen Werken, in denen er ihn bewusst wiedergibt und gestaltet, um von ihm zu sprechen. So scheint mir auch gerade das Epos jene literarische Form zu sein, die für diese Art Literatur, die »aus dem Geiste des Nomadentums« geboren worden ist, am adäquatesten ist. Wenn die Schriftsteller Kirgistans, Kasachstans, Usbekistans episch breit erzählen, so entspricht diese »Entdeckung der Langsamkeit« ihrem Lebens- und Weltgefühl.

So können wir besser verstehen, warum Muchtar Auesow Kindheit, Jugend und Mannesalter seines Helden Abaj so ausufernd wiedergibt. Er will zeigen, wie Jahrhunderte einer mehr oder weniger gleichförmigen Existenz, noch dazu im Einklang mit der Natur, die Mentalität der Kasachen geformt haben. Das Tempo Zentralasiens ist eben anders als das im Westen, schon gar der westlichen Literaten.

In seiner umfangreichen Erzählung »Khilly zaman« (Aufruhr der Sanftmütigen) behandelt Auesow eine Episode aus der kasachischen Geschichte unmittelbar vor der Russischen Revolution. Die Handlung spielt im Jahre 1916 unter dem als verlässlich und sanft bekannten Kasachenstamm der Albaner. Seit alters her bauen sie Früchte und Gemüse an im Tal von Karkara, die sie – zusammen mit anderen Waren – auf dem jährlich stattfindenden Markt verkaufen. Nur daran sind die Kasachen interessiert. Doch eines Tages wird das Idyll gestört: Entgegen einer zuvor geschlossenen Vereinbarung hat der Zar in Sankt Petersburg beschlossen, die Dschigiten oder jungen Kasachen für Dienste im Hinterland einzuziehen. Es kommt zu Unmutsbezeugungen, schließlich zu Protest und Aufruhr. Doch die Unrast bricht in sich zusammen, da es den Kasachen nicht gelingt, eine durchschlagende Organisation auf die Beine zu stellen. Sie sind allein zu schwach, um erfolgreich Widerstand zu leisten; erst mit der Oktoberrevolution, so kann man folgern, wurde den Stämmen ihr Recht zugestanden.

Die Geschichte bietet dem Autor mannigfache Gelegenheit, die

Sitten und Gebräuche der Kasachen, doch auch ihre Sozial- und Rangordnung darzustellen. Rivalisierende Beys und ihre Clans spielen ebenso eine Rolle, wie die russischen Administratoren mit ihrer Machtbefugnis. Die lebendig geschriebenen Werke Auesows, zu denen auch mehr als ein Dutzend Dramen gehören, verfallen selten in eine Lobhudelei des Systems, sodass man auch im heute unabhängigen Kasachstan stolz sein kann auf diesen bedeutenden Schriftsteller. Es gelang Auesow, unter unsäglichem ideologischen Druck, zum Schöpfer der modernen kasachischen Literatur in Abajs Nachfolge zu werden, ohne den Stolz auf die eigene Herkunft zu verleugnen.

Abdishamil Nurpreissow – Der große See

Der nun zu behandelnde Autor, Abdishamil Nurpreissow, ist gerade mal eine Generation jünger als Muchtar Auesow und gilt als der große alte Mann der zeitgenössischen kasachischen Literatur. Auch er ist ein Epiker der vorgenannten Art. Im europäischen, vor allem deutschen Sprachraum kennen ihn einige Literaturenthusiasten insbesondere wegen seines Romans »Der sterbende See«. Das Thema, der »Held« dieses mehrfach umgearbeiteten Prosaepos ist der Aralsee, der seit Jahrzehnten schon einer ökologischen Katastrophe ausgesetzt ist. Bewirkt hat sie menschlicher Größenwahn und Profitgier, der Ausbau der Baumwoll-Monokulturen, für den man den Flüssen, die den »sterbenden See« speisen, den Oxus und den Jaxartes, allzu lange allzu viel Wasser entnommen hat. Man muss die Austrocknung des Sees und die Versalzung des Bodens in seiner Umgebung – es handelt sich um eine Fläche von der Größe der Schweiz – einmal mit eigenen Augen gesehen haben, um das ganze Elend ermessen zu können, das der Mensch der Natur und sich selbst durch Maßlosigkeit angetan hat. So lag die Stadt Aralsk, bewohnt von Russen und Kasachen und vom Fischfang lebend, einmal am Nordufer des Sees, die Fischindustrie blühte dort; heute ist das Ufer verwaist, der See hat sich Kilometer um Kilometer zurückgezogen. Dort, wo früher einmal Wasser war, rosten die Wracks von Fischkuttern vor sich hin. Salzige Dünste steigen in die hitzeschwangere, ungesunde, von Keimen gesättigte Luft. Zwar hat man schon Versuche unternommen, dem See wieder mehr Wasser zuzuführen; doch ob sie endgültig von Erfolg gekrönt sein werden, kann noch niemand sagen. Was man dem See in Kasachstan an Wasser wieder zuführt, verliert er auf der usbekischen Seite.

Die Landschaft um den See spielt mit in diesem Roman. Das entspricht dem traditionellen Lebensgefühl der Nomaden, die nur eingebettet in die Natur überleben können, auch wenn sie sie benutzen. Aber im Unterschied zur modernen Industriekultur mit ihrem ingenieurhaften Zugriff auf die Natur nutzt der Nomade sie nur insoweit, als er sie wirklich braucht. Das Thema »Umwelt« ist wichtig für die mittelasiatischen Schriftsteller, keineswegs nur für einen Mann wie Nurpreissow. Bei Muchtar Schachanow werden wir diesem Element wieder begegnen. Wie zuvor bei Auesow hat man auch dem Roman von Nurpreissow »Längen« angekreidet. Doch da gilt das schon Gesagte.

Mit dem sterbenden See übrigens kennt sich der Autor aus, denn Abdishamil Nurpreissow ist in einem Aul am Aralsee geboren, im Jahre 1924. Zum Schriftsteller wurde er erst nach dem Zweiten Weltkrieg, als es ihn danach drängte, seine dramatischen inneren Erlebnisse durch das Schreiben zu verarbeiten. Seine Romane wurden vornehmlich im ehemaligen Ostblock bekannt, während man in den westlichen Ländern häufig noch nicht einmal seinen Namen kannte. Nurpreissow gab viele Jahre lang die kasachische Literaturzeitschrift »Juldyz« (Der Stern) heraus und war Präsident des PEN-Clubs in Almaty.

Was ist nun der Plot des Romans, dessen letztgültige deutsche Fassung immerhin 500 Seiten hat? Er ist in wenigen Worten zusammengefasst. Es ist die Geschichte einer verdrängten und verleugneten Katastrophe, deren Protagonisten früher einmal befreundet waren, die nun aber gegensätzlichen Interessen und Werten verpflichtet sind. Der Wissenschaftler Azim, Repräsentant der modernen Zeit mit ihren ausgepichten wissenschaftlichen Kenntnissen, versucht die Dörfler am Großen See zu überzeugen, dass die Maßnahmen der Regierung ihr Land nur noch fruchtbarer machen werden. Die Bauern, angeführt von Yadiger, sehen, wie der Aral mehr und mehr schwindet, doch das ficht Azim nicht an. Er bleibt dabei: Der frei werdende Seeboden wird sogar noch höhere Erträge einbringen. Den Aberglauben der Dörfler gilt es zu bekämpfen, denn sie glauben, der sagenhafte Stier Kök-Ögiz trinke den See aus und man müsse ihn besänftigen. Doch allmählich begreifen die Dörfler, dass ihnen der versprochene Fortschritt das Gegenteil einbringt: Armut, Verzweiflung und Verfall. Die Katastrophe ist da. Auch eine Liebesgeschichte ist in die Handlung verflochten.

Das Erzähltempo Nurpreissows ist langsam, die Zeit gewissermaßen zerdehnend. Das entspricht dem Lebensrhythmus der Menschen, der Dörfler und Nomaden. »Entschleunigung« heißt das Stichwort, es gilt für viele Prosaisten der Region, die seelisch auch aus dem Fundus einer erhabenen, übermenschlichen Natur schöpfen. Doch sicher haben auch die großen russischen Autoren hier und da als Vorbild gewirkt. Das Erzähltempo spiegelt allerdings auch das langsame Austrocknen des Sees wieder und die Zerstörung der Natur.

Muchtar Schachanow – Irrweg der Zivilisation

Wenn nicht alle Zeichen trügen, wird der kasachische Dichter Muchtar Schachanaow neben Tschingis Aitmatow, den wir anschließend behandeln werden, seine Epoche weit überleben. Was Nurpreissow auf lokaler Ebene geleistet hat, wendet Schachanow ins Globale, Allmenschliche, ja Kosmische. Ein Zitat über ihn sagt alles: »Muchtar Schachanow ist in Asien unsere Stimme, die vom Minarett des Geistes ertönt.« Es stammt von Aitmatow.

In Deutschland ist Schachanow einem kleinen Kreis von Literaturenthusiasten erst bekannt geworden, als Friedrich Hitzer die Übertragung seines Versepos »Irrweg der Zivilisation. Ein Gesang aus Kasachstan«, mit einem Vorwort von Tschingis Aitmatow, aus dem Russischen vorlegte; doch in seiner Heimat ist Schachanow schon seit vielen Jahren eine nationale Größe und Autorität, an der niemand vorbeikommt, vor allem eine moralische Stimme, die in ganz Mittelasien gehört wird. Und in anderen Ländern sind viele seiner über dreißig Werke längst übersetzt worden. Manche Verse und Passagen aus seinen Werken sind schon in den Volksmund der Kasachen eingegangen.

Auch wer als Angehöriger und Verteidiger der »westlichen Zivilisation«, die »Wissenschaft, Technik und Geld anbetet«, nicht mit allem einverstanden sein mag, was Schachanow an ihr auszusetzen hat, wird doch selbstkritisch auch manches Bedenkenswerte darin finden. Es gibt in Europa und Amerika Wertkonservative, die ganz ähnlich denken wie dieser weitsichtige Kasache, der natürlich – wie seine Kollegen – ebenso um die Umweltschäden und Zerstörungen in seinem eigenen Lande weiß. Oder ist Schachanow ein Linker, der von diesem ideologischen Standpunkt aus Machtpolitik, Geschäftemacherei, Umweltzerstörung und menschliche Entfremdung in Gestalt eines überbordenden Individualismus, einer entgrenzten Freiheit in den »entwickelten« Ländern beklagt? Zunehmend wird auch die Erzeugung, der Verkauf, der Schmuggel und Konsum von Rauschgiften in Mittelasien zu einer wahren Geißel, der man kaum noch Herr wird: In den Augen Schachanows (und nicht nur in seinen) sind die westlichen Gesellschaften mit ihrem Hedonismus und ihrer geistigen Leere daran nicht ganz unschuldig. Er selbst möchte, obwohl es dafür vielleicht schon zu spät ist, seine Gesellschaft vor manchen eher verderblichen Einflüssen von außen schützen, die unter der Fahrkarte von »Freiheit und Pluralismus« ins Land kommen.

Schachanow stammt aus der Stadt Shymkent, die im Mittelalter Otrar oder Farab hieß. Der türkische Philosoph al-Farabi (gestorben 950), eines seiner Vorbilder, stammte von dort. Als die Stadt noch Otrar hieß, genoss sie einen teilweise traurigen Ruhm. Dort nämlich ließ der Herrscher von Choresmien und Turkmenien, Mohammed, die Gesandten Dschingis Khans töten, was dieser zum Anlass nahm, über den Rest der Welt herzufallen und weite Teile der islamischen Welt zu verwüsten. Bis heute ist den europäischen Völkern nicht bewusst, wie sehr die Mongolen seinerzeit, bevor es zur Pax mongolica kam, jene Gegenden und Kulturlandschaften zerstört haben; so sehr, dass man die traurigen baulichen (Über-)Reste noch heute besichtigen kann. Burchardt Brentjes schreibt über den Mongoleneinfall, der mit Dschingis Khan begann und erst mit dem Lahmen Timur endete:

»Etwa sechs Millionen Menschen verloren in den Jahren 1220/21 in den eroberten Städten und Dörfern Mittelasiens ihr Leben. Das Land südlich des Amu Darja, Chorasan, hat sich nie wieder von diesem Schlag erholt. In der alten Metropole Merw überlebten 400 Handwerker. Das über eine Million zählende Nischapur ging am 10. April 1221 völlig zugrunde. Auch in Bamjan kam niemand mit dem Leben davon. Rayy, Tus, Ghaswin und Balch starben aus. In Ghasna sammelte der choresmische Kronprinz Dschalal ad-Din Mangüberti die Trümmer des Heeres und schlug eine Mongolenarmee. Aber die Feinde kehrten zurück, vernichteten Ghasna bis auf den letzten Bewohner und holten die geflohene Choresm-Armee am Indus ein. Lediglich der Kronprinz entkam, da ihn sein Pferd durch den Fluss trug.

Herat erhob sich gegen die Bedrücker, wurde aber am 14. Juni 1222 bis auf das letzte Lebewesen ausgerottet. Seistan (Sistan) und Chorasan sind seither weitgehend verödet, die Kanäle verfallen und die Kulturen vergangen.

Mittelasien« schien am Ende. Die langsam nordwärts abziehenden Sieger nahmen alles mit, was sie finden konnten … der Vorstoß der Mongolen durch Mittelasien war der tiefste Einschnitt in der Vergangenheit Mittelasiens.« (Brentjes, 1977, S. 129.)

Und nicht allein Mittelasiens, könnten wir hinzufügen, denn auch die Enkel des Dschingis Khan, allen voran Hülägü, setzten die Zerstörungen in anderen Teilen der islamischen Welt fort: Bagdad wurde 1258 erobert und geschleift, Zigtausende getötet. Das Kalifat der Abbasiden, das seit 750 bestand und dem Islam einen glanzvollen Höhepunkt beschert hatte, wurde ausgelöscht, mit allen Folgen, die das für die islamische Kultur auch außerhalb des Zweistromlandes haben musste. Wenn im heutigen Bagdad nur noch wenige Denkmäler vom Ruhm dieser Zeit künden, so liegt das an den Zerstörungen der Mongolen. Diese fast globale Katastrophe hat sich in das Bewusstsein der Menschen Mittelasiens eingefressen als eine große, gewalttätige Überwältigung, der sie nicht gewachsen waren. Ähnlich empfinden heutzutage die Sensibleren unter ihnen – bei aller Unterschiedlichkeit – die Überwältigung durch die westliche Zivilisation. Einer von diesen ist Muchtar Schachanow.

Schachanows Epos (*dastan*), das über 3000 Verse umfasst, ist in fünf Teile gegliedert: »Die Qualen des ungeschützten Geistes; Rasende Massenkultur oder Sehnsucht nach Sacharow; Am Scholtoksan-Platz oder Rebellion zum Schutz der vier Mütter; Die vergessene Idee des Kajyr-Khan, und Seelenlose Freiheit oder Unsterblichkeit der Pinguine«. Es ist ein Epos, das von Kasachstan und Mittelasien aus in die Welt ausgreift, es ist welthaltig. Kasachische Verhältnisse werden darin ebenso behandelt wie europäisch-westliche, beziehungsweise das (Un-)Verhältnis zwischen den Menschen Mittelasiens und der westlichen Zivilisation. Neben Figuren aus der kasachischen Überlieferung tauchen auch Gestalten wie Hitler, Sacharow, Allan Dulles auf, Geschichte und Weltpolitik, vor allem zerstörerische, werden aufgegriffen.

Bei der ersten Lektüre mag mancher westliche Leser vielleicht denken, dass Schachanows Kritik am Westen und seinen nach Mittelasien überschwappenden Lebensformen doch ein wenig ungerecht sei. Man muss da allerdings in Rechnung stellen, dass es gerade jene trivialen »Vergnügungen« und Flachheiten sowie der »Konsumismus« sind, die aus dem Westen einströmen, viel weniger seine politischen und geistigen Errungenschaften wie Demokratie, Freiheitsrechte. Auf sie

wartet man angesichts der autokratischen Regime noch immer vergebens. Schachanow weiß sehr wohl, dass nicht alles an der westlichen
Moderne schlecht ist, doch geißelt er deren praktischen Materialismus – und zwar in einer Art und Weise, die durchaus an die westliche
Kultur- und Zivilisationskritik erinnert. Dabei spielen ökologische
Vorstellungen – wir haben schon darauf hingewiesen – eine besonders wichtige Rolle: Eine aus dem Ruder geratene Freiheit, die von
ihm als Selbstherrlichkeit des Individuums wahrgenommen wird,
zerstört langsam aber sicher die Gesellschaft. Die westliche Gesellschaft hat nichts Heiliges mehr, das für alle unantastbar ist; alles steht
zur Verfügung und dient der Manipulation. Überträgt man diese
nach Überzeugung des Dichters maßlose Haltung der Emanzipation
auf Industrie und Massenkultur, zerstört sie desgleichen die Natur,
aus deren ewiger Quelle der Mensch eigentlich schöpfen sollte. Die
ursprüngliche Harmonie, die Schachanow im Bild der »vier Mütter«
– Erde, Sprache, Bräuche, Geschichte – zusammenfasst, wird gestört,
am Ende irreparabel zerstört. Freiheit und Emanzipation des Menschen, die ja durchaus erstrebenswerte Ziele sind, sind dialektisch in
ihr Gegenteil umgeschlagen. In dem Teil des Epos, der den Titel »Am
Scholtoksan-Platz« trägt, widmet sich der kasachische Autor ganz den
politischen und gesellschaftlichen Problemen seines Heimatlandes.
Im Dezember des Jahres 1986 kam es, begünstigt durch Gorbatschows
Perestrojka, in Almaty zu Protestdemonstrationen gegen das Sowjetregime, vor allem gegen dessen Statthalter Gennadij Kolbin. Hunderte Demonstranten wurden durch das Vorgehen der Sicherheitskräfte verletzt, viele Personen festgenommen. Schachanow widmet den
Freiheitskämpfern ein dichterisches Denkmal.

Als Idealist beschwört der kasachische Autor den Humanismus,
aber auch die Religion, deren Werte wieder mehr beachtet werden
müssten im Kampf gegen den Sittenverfall. Seine Beziehung zu den
drei Monotheismen ist der von Lessing in der Ringparabel ähnlich
und zielt auf Toleranz und Verständnis.

Tschingis Aitmatow – Kirgisiens Botschafter
für Mensch und Natur

Als der Autor im Jahre 2008 starb, verlor die Welt einen mittelasiatischen Dichter, der als einziger über die Grenzen seiner Heimat
hinaus wirklich bekannt geworden war, weltbekannt gar. Sein Ruhm

ging zurück auf das Jahr 1959. Damals nannte der französische Autor Louis Aragon Aitmatows Erzählung »Dschamilja« die »schönste Liebesgeschichte der Welt«. Sie erschien, aus dem Russischen übersetzt, 1963 auf Deutsch. Zum ersten Mal war man in den Zentren der westlichen Literatur, in Paris allemal, auf einen Autor aufmerksam geworden, dessen Wiege viele tausend Kilometer weiter im Osten gestanden hatte, der aber kein Russe war, sondern Kirgise. Was waren das für Leute? Sie hüteten Schafe, Ziegen und Kamele und lebten in hohen Bergen und kahlen Hochebenen. Und sonst? Aitmatow kam sozusagen aus einer Zwischenwelt, denn außer Russen hatten im Osten auch schon Japaner und sogar der Inder Tagore den Literaturnobelpreis bekommen. Aitmatow erhielt ihn zwar nicht, hätte ihn aber zugesprochen bekommen können. Doch dafür war die Zeit auch später noch nicht reif.

Die Natur, die Schriftstellerei und die Diplomatie sind das Dreigestirn, um das sich das Leben von Tschingis Aitmatow rankte. Es währte achtzig Jahre und reichte von einer freien, recht unbeschwerten Kindheit in einem kirgisischen Aul über Jahrzehnte kommunistischer Pflichterfüllung bis hin zum »Frühling der Freiheit«, dem Zusammenbruch des kommunistischen Reiches, an dem Aitmatow durchaus mitwirkte, den er begrüßte und doch nicht gänzlich unkritisch begleitete.

In Daten und Fakten ist der Lebenslauf des Dichters rasch erzählt. TSCHINGIS TOREKULOWITSCH AITMATOW wurde als Sohn von Torekul Aitmatow und seiner Frau Nagima, einer Tatarin, am 12. Dezember 1928 in dem Dorf Scheker im Talas-Tal in Kirgisien geboren, sozusagen im Herzland Kirgistans. Als Kind führte er noch das Leben eines Nomaden, zog mit den Tieren von Weide zu Weide. Da sog er die Weite der Natur in sich auf, erlebte ihre Kargheit in den kirgisischen Bergen, die, wenn es die Sommerlager betraf, in reiche Fülle umschlagen konnte. Ein ewiger Rhythmus des Lebendigen, der die Seele des Jungen prägte. Der Vater war ein aufrechter, dem eigenen Volk und seiner Tradition verbundener Kirgise, der die Stalinschen »Säuberungen« des Jahres 1937 nicht überleben konnte: Er wurde unter der Anklage des »kleinbürgerlichen Nationalismus« festgenommen und 1938 hingerichtet. Damals wütete die Sowjetmacht auch anderswo in Mittelasien. Nach verschiedenen praktischen Tätigkeiten studierte der junge Kirgise seit 1946 Tiermedizin in Dschambul (Kasachstan), danach in Bischkek, das damals noch nach dem roten Revolutionsgeneral Frunze hieß. Bereits gegen

Ende seines Studiums, zu Beginn der Fünfzigerjahre, begann Aitmatow zu schreiben. Es verwundert nicht zu hören, dass Muchtar Auesow, der damals in der Sowjetunion dem Höhepunkt seines Ruhms zustrebte, sein großes Vorbild wurde. Aitmatow absolvierte zwischen 1956 und 1958 das Maxim Gorkij-Literaturinstitut in Moskau, lebte als Autor und Mitarbeiter von Blättern wie »Prawda« und »Literaturnaja Gazeta«. Auch politischer Funktionsträger war er, zum Beispiel als Abgeordneter im Obersten Sowjet der UdSSR und im Zentralkomitee der Kommunistischen Partei (KP) Kirgistans. Als Autor gab er bald die Prinzipien des sozialistischen Realismus auf und beschloss, so zu schreiben, wie er wollte. Im ganzen Ostblock war er in jenen Jahren schon bekannt.

Politisch wie literarisch kann Aitmatow als einer der Vordenker der Perestrojka angesehen werden, die unter Generalsekretär Michail Gorbatschow seit 1986 in die Tat umgesetzt worden ist. Nach der weltpolitischen Wende 1989/90 verbreitete sich der Ruhm des Autors explosionsartig, besondere Popularität gewann er im wiedervereinigten Deutschland, wo Friedrich Hitzer seine Werke aus dem Russischen übersetzte. Noch in sowjetischer Zeit wurde Aitmatow Botschafter, danach repräsentierte er die Russländische Föderation zunächst in Luxemburg, dann bis zu seinem Tode in einem Nürnberger Krankenhaus am 10. Juni 2008 bei der EU und Frankreich mit Sitz in Brüssel. Zu seinen zahlreichen Ehrungen, die er zu Lebzeiten erhielt, gesellten sich Mitglied- und Patenschaften in naturkundlichen Institutionen, die die Richtung seines Denkens und Schaffens deutlich machen.

Nicht nur seine Herkunft aus dem kirgisischen Dorf, auch seine Berufswahl als Veterinär und Tierzüchter zeigten an, dass ihm die Themen »Mensch und Natur«, »Mensch und Kreatur« besonders am Herzen lagen. Wir stoßen hier wieder auf unser Generalthema, das wir als das für die moderne Literatur Zentralasiens wichtigste ausgemacht haben: die Ökologie, die natürliche Umwelt des Menschen, die Natur als unzerreißbarer Zusammenhang alles Lebendigen, ja der Kosmos als Ganzer. Die Autoren der Region behandelten dieses Thema schon zu einem Zeitpunkt, da es weder im Westen, noch gar im Osten das Wort dafür gab, das heutzutage in aller Munde ist; damals mussten die Schornsteine noch rauchen. Man muss einmal an den einsamen Ufern des Issyk Kul, des »warmen Sees«, in den kirgisischen Bergen gestanden haben, um nachempfinden zu können, was einen Dichter wie Aitmatow in seiner Seele bewegte. Issyk

Kul nannte er übrigens auch jenes Forum, in dem er internationale Wissenschaftler und Autoren zu wichtigen Diskussionen über Fragen der Ökologie und Politik zusammenbrachte.

Die Erzählung »Dschamilja« führt uns in das kirgisische Dorf, in einen Aul am Kukureu-Fluss im Grenzgebiet zwischen Kirgisien und Kasachstan. Es ist die Gegend, in der Aitmatow auch zu Hause ist. Die Personen der Handlung bestehen aus der Familie des jugendlichen Erzählers. Hauptprotagonisten sind neben Dschamilja deren Mann Sadyk, der in der Erzählung immer anwesend ist, obschon er weit im Westen im Lazarett liegt und erst ganz am Ende der Erzählung auftaucht, sowie Danijar. Die Zeit der Handlung ist der Sommer 1943, als Russland den Großen Vaterländischen Krieg führt. Es ist Erntezeit, da sich Dschamilja (der Namen bedeutet »Schönheit«, auch »die Schöne«) und der eigentlich unbedarfte, unbeholfene und ungelenke Danijar ineinander verlieben. Es ist der wunderschöne Gesang des jungen Mannes, der Dschamiljas Herz erweicht. Es ist eine Liebesgeschichte der Andeutungen, die nur einen Kern der Handlung ausmacht, den wichtigsten. Der zweite Kern der Erzählung ist wohl das, was man als »Entdeckung Kirgisiens« charakterisieren kann, denn über dieses Land zwischen Kaschensteppe und Tienschan-Gebirge wusste man im Westen, bevor diese Novelle erschien, rein gar nichts. Doch der Autor entführt uns in die oft recht herbe und raue, bisweilen aber auch milde Landschaft seiner Heimat, in das geruhsame Leben der kirgisischen Auls, in denen erst durch die Sowjetmacht »die neue Zeit« Einzug gehalten hat. »Dschamilja« vereint Realismus und Poesie, auch das Mitspielen der großartigen Natur auf meisterliche Weise, die Aragons lobende Worte rechtfertigen. Aitmatow ist schon hier ein Dichter, seine Sprache sehr poetisch. Auch in »Abschied von Gülsary«, einer Erzählung, deren »Held« ein Pferd ist, verschränkt der Autor menschliches und tierhaftes Wesen zu natürlicher Einheit.

Ein Dichter ist Aitmatow denn auch in allen seinen Werken bis zum Schluss geblieben. Sein letzter Roman, »Der Schneeleopard«, fand bei der Literaturkritik ein ziemlich geteiltes Echo. Es ist eine Geschichte, in der wieder zwei »lebendige Wesen«, der Schneeleopard Dschaa-Bars, und der Intellektuelle und Journalist, ein Alter Ego des Verfassers, in ihrer gegenwärtigen Befindlichkeit auf dem Hintergrund ihres bisherigen Daseins parallel gesetzt werden, in Form einer Analogie. Beide haben, um es salopp auszudrücken, ihre Zukunft hinter sich, der Schneeleopard ist älter und schwächer geworden, kann seiner Natur als jagender Gott der Steppe und der Berge nur noch in der Auseinandersetzung mit schwächeren Beutetieren gerecht werden; auch der Intellektuelle hat seine beste Zeit hinter sich, ist desillusioniert und schwach. Wer will, kann beide Lebewesen auch als pars pro toto auffassen: Die Welt als Ganzes, ob die erhabene Natur oder die spezifische »Welt des Menschen« befinden sich in einem Stadium der Krise, der Schwäche, des Abfalls von ihrer ursprünglichen naturhaften Kraft und Erhabenheit; sie sind beide müde geworden.

Es ist jedenfalls bemerkenswert, in welch intensiver Weise am Ende des 20. und zu Beginn des 21. Jahrhunderts die Autoren Mittelasiens – und gerade auch die prominentesten wie Aitmatow – stärker »objektivierende« Themen in ihren Werken gestalten und weniger existenzialistisch-individualistische, mit den Verdinglichungsprozessen der Hochzivilisation zusammenhängende Fragen des Individuums (Sinnsuche in der »entzauberten« Welt, Partnerschaft, Sexualität und Frustration, der Mensch zwischen Lust und gesellschaftlicher Verpflichtung und ähnliche) aufgreifen.

Adil Yakubow – Historienmaler und Biograf

In der Person ADIL YAKUBOWS trifft man auf einen mittelasiatischen Autor, der einem Genre frönt, das mittlerweile auch bei uns wieder besonders beliebt ist: dem historischen Roman und der historischen Biografie. Yakubow, Jahrgang 1926 und im Jahre 2009 gestorben, war Usbeke. Er wurde in einem Dorf in der Nähe der nach dem Mystiker Ahmed Yesevi genannten Stadt Yesevi geboren, die schon lange Türkistan heißt. Im Jahre 1937 widerfuhr dem Vater, was so vielen in jenen Jahren geschah: Er wurde ein Opfer der Stalinschen großen »Säuberungen«. In den folgenden Jahrzehnten schlug sich der Autor mit allen möglichen niederen Arbeiten durch, arbeitete am Schluss auf einer Kolchose als Leiter, bevor er Literatur an der Universität von Taschkent lehrte.

Offenkundig betrachtete er sich als Erbe und Multiplikator jener hochkulturellen Leistungen des mittelasiatischen Geistes im Gebiet zwischen Amu Darja und Syr Darja sowie dem Fergana-Becken, über die wir schon gesprochen haben. An sie will er mit seinen Werken anknüpfen, erinnern und die einstige Größe beschwören. Der Philosoph und Arzt Ibn Sina ist Gegenstand eines seiner Romane, ebenso der Universalgelehrte Abu Raihan al-Biruni aus Choresmien. Bei der Einordnung dieser Genies ist es in einem übergeordneten Sinne unwichtig, ob sie nun Usbeken, Turkmenen, Perser oder was auch immer waren. Sein absoluter Favorit ist allerdings Ulug Beg, der Astronom und Mathematiker, in dem er so etwas sieht wie den Galileo Galilei des Orients. Yakubows Roman über ihn trägt den Titel »Der Schatz des Ulug Beg«. Von Ulug Beg, dem Herrscher der Timuriden, der lieber der Leidenschaft der Himmelskunde frönte als zu regieren, haben wir schon gehört. In der von ihm errichteten Sternwarte vermaß er den Himmel, berechnete die Stellung und den Lauf der Gestirne und kam unter anderem zu dem Ergebnis, dass sich die Erde um die Gestirne bewegt; er war auf dem Weg, das wie in Erz gegossene astronomische System des Ptolemaios zu hinterfragen. Im Unterschied zu Galilei, dem man nur den Widerruf abverlangte, wurde Ulug Beg getötet – obwohl die Hintergründe seines Todes nicht wirklich klar sind. Es mag eine Mischung aus politischem Machtkampf zwischen ihm und seinem Sohn einerseits sowie Intrigen der Religionsgelehrten andererseits gewesen sein, die ihn zu Fall brachten.

Als Adil Yakubow gestorben war, erwies ihm die usbekische Staatsführung allerhöchste Reverenz als einem großen Sohn des Volkes. Der Dichter selbst hatte mit ihr so seine Schwierigkeiten, wie zuvor mit der Führung in kommunistsicher Zeit. Doch wen wundert das, waren die Führer doch in der Regel dieselben.

Abisch Kekilbayew – moderner Poet Kasachstans

Historische Romane sind allerdings auch bei anderen Autoren beliebt. Die Geschichte »Ende der Legende« aus der Feder des kasachischen Schriftstellers ABISCH KEKILBAJEW befasst sich mit Bibi Chanum, der Lieblingsfrau des Lahmen Timur, deren beeindruckende Grabmoschee wir vor vielen Jahren in Samarkand schon kennengelernt haben. Der Roman konstruiert eine Liebeshandlung zwischen dem Architekten der Moschee und Bibi Chanum, die an den klassischen, von dem Perser Nezâmi beispielhaft behandelten Stoff von Chosrau, Ferhat und der armenischen Christin Shirin erinnert, den zuletzt auch der Türke Nazim Hikmet (1902–1963) gestaltet hat. Mit der »Ballade der vergessenen Jahre« hat Kekilbayew das historische Epos Kasachstans verfasst. Es spiegelt die Kämpfe zwischen Kasachenstämmen und Turkmenen in der Vergangenheit wider, Ruhm und Ehre der Stammesführer und ihrer Schicksale. Kekilbayew, geboren 1939 oder 1940 in dem Ort Mangistau, gilt als der letzte Patriarch der kasachischen Literatur; hochgeehrt wegen seiner Bemühungen um das nation building der Kasachen nach 1990 wartet er darauf, dass eine junge Generation von Literaten sein Werk auf andere, doch keineswegs schlechtere Weise fortsetzen wird. Darin ist er sich mit seinem Freund, dem Lyriker OLSCHAS SÜLEYMENOW einig. Sein Werk umfasst neben Prosa und Gedichten auch literarische und historische Essays.

Uchqun Nazarow – die Stimme Usbekistans

Im Konzert der zeitgenössischen usbekischen Literatur ist der russisch wie usbekisch schreibende UCHQUN NAZAROW die herausragende Stimme. Nazarow ist nicht nur Romanautor, sondern verfasst auch Drehbücher; darüber hinaus ist er selbst auch als Regisseur hervorgetreten und zeichnet für mehrere Dutzend Filme verantwortlich. Leider ist diesem 1934 in der Altstadt von Taschkent geborenen Künstler dasselbe Schicksal widerfahren wie seinen Kollegen aus den anderen Nachfolgestaaten der UdSSR: Er konnte lange Zeit in der Heimat nichts mehr veröffentlichen, da das Regime seine Schriften und Filme zu fürchten begann. Nur sein Hauptwerk »Das Jahr des Skorpions« (*Chayton yili*) konnte im Jahre 2005 wieder in Taschkent erscheinen. Es liegt auch in deutscher Sprache vor, übertragen von der Berliner Turkologin Ingeborg Baldauf.

Yodgor Obid – neue usbekische Poesie

In kaum einem der seit dem Zusammenbruch der Sowjetunion unabhängig gewordenen muslimischen Staaten Mittelasiens sind die politischen Verhältnisse so autokratisch wie in Usbekistan. Dabei hatte es gerade dort nach der weltpolitischen »Wende« 1989/90 einen besonders starken demokratischen Aufbruch gegeben. Dessen Ausdruck war, als wichtigste Organisation, die Gruppe »Birlik« (Einheit), die – wenn schon nicht die Westminster-Demokratie – dann doch wenigstens einen gesellschaftlichen und politischen Pluralismus anstrebte. Das Ergebnis dieser Bemühungen ist bekannt:

Die Gründer von »Birlik« leben schon lange im Exil, vornehmlich im Westen, nachdem die Gruppe im Jahre 1993 verboten wurde.

Eine ihrer wichtigsten Figuren ist der Dichter YODGOR OBID, der zwar in seiner Heimat nach wie vor populär ist, aber nun vornehmlich in Europa publiziert, insbesondere in Österreich, wo er schon viele Jahre lebt, in der Gemeinde Götzis in Vorarlberg. Für sein Engagement zugunsten der Menschenrechte wurde er vielfach ausgezeichnet. Von Beginn der Achtzigerjahre an ist Yodgor Obid seinen Weg in dieser Hinsicht konsequent weitergegangen, denn schon in sowjetischer Zeit machte er sich für Reformen stark und forderte die Einhaltung der Menschenrechte.

Der 1942 (nach anderen Quellen 1940) in Taschkent geborene Poet hatte keine behütete Jugend, sondern musste sich schon früh auf mannigfaltige Weise, das heißt in verschiedenen Berufen durchschlagen, um zu überleben. Er übte zahlreiche Berufe aus, war unter anderem Kolchose- und Hochofenarbeiter. Immerhin konnte er im Jahre 1975 das berühmte Maxim-Gorkij-Literaturinstitut in Moskau besuchen, dessen Studiengang er 1981 beendete. Zu jener Zeit war er schon ein bekannter Dichter. 1975 waren seine ersten Arbeiten erschienen, die sich zunächst an Kinder richteten. Obid griff auf die tradierten Märchen zurück, übernahm diese als Vorbilder für sein pädagogisch inspiriertes Erzählen. 1977 erschien »Schicksal«, 1980 »Auf deinen Wimpern sind Sterne«, 1985 schließlich »Das Gespräch«. Von diesem Zeitpunkt an durfte Obid in der Sowjetunion nicht mehr publizieren. Seine Gedichte wurden jedoch von Mund zu Mund weitergetragen – eine kulturelle Taktik, die bei allen islamischen Völkern eine lange Geschichte hat. Schon in jenen Tagen nannte man Yodgor Obid gelegentlich einen »Dichter des Volkes«. Dies gilt heute umso mehr. Der in Amerika lebende usbekische Literaturwissenschaftler SCHAHONGIR MOHAMED schrieb über das Werk Obids: »Yodgor Obid ist einer der wenigen Dichter, denen es gelang, die usbekische Literatur von der Altlast des Kommunismus zu befreien, sie wiederzubeleben und ihr einen neuen Geist einzuhauchen. Er machte aus einer toten Literatur, die nur noch auf dem Papier bestand, eine Literatur des Volkes.«

Mitte der Neunzigerjahre verließ Omid Usbekistan. Er ging zunächst nach Russland, wo er für Radio Liberty tätig war, schließlich verließ er Jelzins Reich; Moskau lag nicht nur geografisch noch zu nahe an Taschkent. Zu viele Seilschaften aus kommunistischer Zeit konnten ihm dort noch das Leben schwer machen. Im Jahre

1998 erhielt er in Österreich politisches Asyl, seit 2003 ist er Österreicher. Man kann seine Lage nicht anders als grotesk bezeichnen. Da erringt sein Volk die Freiheit, das Land die Unabhängigkeit – und einer der bedeutendsten Geister kann sich nur im fernen Österreich gefahrlos artikulieren. Im Jahre 1996 war seine Gedichtsammlung »Die Rebellion« in Schweden publiziert worden, 1998 erschien »Das Goldene Schiff« auf Usbekisch und Deutsch in einem Grazer Verlag. Es war, worauf der Verlag hinwies, die erste Veröffentlichung eines usbekischen Dichters in Deutsch überhaupt.

In seiner Lyrik versucht Yodgor Omid eine Synthese aus alten Formen der usbekisch-tschagataischen Dichtung und modernen Inhalten. Als Themen für seine Gedichte nimmt er typisch lyrische, wie die individuelle Liebe und die Trauer, doch auch stärker objektiv gefärbte Empfindungen, wie die Heimatliebe, die Sehnsucht nach Freiheit – vor allem natürlich für das usbekische Volk. Da im heutigen Usbekistan neben der Titularnation mindestens zwei Dutzend Minderheiten leben, gilt des Dichters Beschwörung der Freiheit selbstverständlich auch ihnen. Denn alle leiden gemeinsam unter dem herrschenden Despotismus. Seine Familie lebt noch immer in Taschkent.

Das Werkverzeichnis des Usbeken ist nicht allzu umfangreich, was für Lyriker so ungewöhnlich nicht ist, leben sie doch von der Verdichtung der Sprache. Und für die modernen Poeten gilt dies in ungleich höherem Maße als für die Klassiker, denen eine gewisse Weitschweifigkeit der Bilder und Metaphern nicht fremd war. In seiner österreichischen Wahlheimat ist Obid im literarischen Leben sehr aktiv, insbesondere findet man ihn öfter auf Podien, wo er aus eigenen Werken liest.

Die Dichter als Stimmen des gemeinsam erfahrenen Leids der mittelasiatischen Völker

In den vorhergehenden Abschnitten ist deutlich geworden, was die Autoren Mittelasiens gemeinsam bewegt, und zwar unabhängig von ihrer ethnischen Herkunft: Das Thema Mensch und Natur, Umweltverschmutzung, Zusammenstoß von moderner Konsumwelt und Archaik beschäftigt Kasachen ebenso wie Usbeken, Kirgisen und Turkmenen.

Es gibt jedoch noch einen zweiten Problemkreis, der ihnen am

Herzen liegt und der direkt wie indirekt ebenso mit dem Vordringen der Russen (in ihren Augen des Westens) zu tun hat. Das Thema ist mit dem ersten, der Umweltvergiftung und Zerstörung durch industriellen und landwirtschaftlichen Raubbau, verwandt. Der Osten Kasachstans, ausgerechnet das Gebiet der Tschingis-Berge (Cengiz Tau) wo Abaj und Auesow und viele andere bedeutende Kasachen geboren wurden, sowie die Ausläufer der Kasachensteppe bei Semipalatinsk waren viele Jahre lang der Schauplatz der sowjetischen Atombombenversuche, welche die dortige Bevölkerung ertragen musste, ohne gefragt zu werden. So etwas war unter den Kommunisten undenkbar. Weite Landstriche Kasachstans, doch auch des übrigen Zentralasiens wurden kontaminiert, die Bevölkerung der Region litt unter Krankheiten, die durch die Versuche hervorgerufen wurden, und ein Teil tut es bis heute. Bei Schachanow wurde dies alles schon dichterisch gestaltet, doch ist er keineswegs der einzige. Als es zur Zeit der gorbatschowschen Perestrojka im Dezember 1986 (kasachisch: *scholtoksan*) in Almaty zu Protestdemonstrationen gegen den sowjetischen Totalitarismus kam, bildeten die Atomversuche den Hintergrund dieser Proteste, doch gemeint war das ganze System. Es ist interessant zu sehen, wie stark damals schon ökologische Fragen im Mittelpunkt der Ereignisse standen und mit den Forderungen nach Freiheit und Demokratie verknüpft wurden. Die umliegenden Unionsrepubliken blieben davon nicht unberührt. Den »Ereignissen am Scholtoksan-Platz« hat Muchtar Schachanow einen seiner poetisch dichtesten Gesänge in seinem großen Epos gewidmet. Die sowjetischen Atomtests sind auch der Hintergrund einer in Russisch verfassten Novelle des Kasachen ROLLAN SEYSENBAJEV, Jahrgang 1946, der in seinem »Der Tag als die Welt zusammenbrach« jene ersten Atomversuche in Ostkasachstan aus der Perspektive des Jungen, der er damals war, schildert. Dies ereignete sich im Jahre 1953. Man behandelte damals die einheimische Bevölkerung als rein administrative Masse, forderte sie auf, ihre Häuser für kurze Zeit zu verlassen, die Fenster mit Strohballen abzudichten; nach kurzer Zeit könnten sie zurückkehren. Das gemeinsame Leiden unter der nuklearen Katastrophe ebenso wie unter dem System hat dazu geführt, dass die Autoren Mittelasiens bis heute in gewisser Weise miteinander vernetzt geblieben sind und es auch bleiben wollen. Es sind nicht nur die kulturellen Gemeinsamkeiten, die da wirken, sondern vor allem das gemeinsame Interesse am Kampf gegen Umweltzerstörung und atomare

Verseuchung mit ihren Spätfolgen. Der gemeinsame Ort dafür ist die Organisation AKNAZAS, die nach der Devise handelt: »Unsere gemeinsame Heimat ist Turkestan«. Nicht zuletzt Aitmatow war diese Zusammenarbeit bis zu seinem Tode ein wichtiges Anliegen.

Die Versuche von Semipalatinsk betrafen natürlich auch Kirgisien. Und im benachbarten Xinjiang, bei den Uiguren, taten die Rotchinesen dasselbe. Auch dort gingen die Atomsprengsätze hoch. Auch dort hatte die Bevölkerung nichts zu sagen, doch insgeheim braute sich Widerstand zusammen. Wenn heute die Uiguren Widerstand gegen die chinesische Überwältigung leisten, so hat dies nicht zuletzt auch mit den verheerenden Auswirkungen der Atombombenversuche in Xinjiang zu tun, die große Teile des Gebietes verseucht haben. Eine gewisse Radikalisierung vor allem unter jugendlichen Uiguren ist in den vergangenen zehn Jahren zu beobachten; sie ist verständlich angesichts der Leiden und der Bedrückung, denen das Volks ausgesetzt ist. Da ist auch der Fortschritt, der ohnehin meistens den Han-Chinesen zugute kommt, kein wirklicher Trost.

Sprachliche, literarische und kulturelle Horizonte
der Turkvölker

Nach dem Zerreißen des Demirperde – des Eisernen Vorhangs – zu
Beginn der Neunzigerjahre des vorigen Jahrhunderts war der Opti-
mismus in der gesamten türkischen Welt groß. Auch dort hätte man
sagen können, nun wachse zusammen, was zusammengehört. Viele
Politiker in der Türkei äußerten sich auch durchaus in diesem Sinne
und beschworen die sprachliche, ethnische und religiös-kulturelle
Verwandtschaft der Turkvölker vom Bosporus bis zu den Ufern des
fernen Baikal-Sees. Panturanische Töne waren zwar auch zu hören,
doch insgesamt blieb man moderaten Ansichten verpflichtet. Die
wenigsten Türken hatten angesichts der Teilung der Welt geglaubt,
zu Lebzeiten wieder »zusammenkommen« zu können; und ähnlich
war das natürlich auch den Brüdern in Mittelasien ergangen. Es
war ein unverhoffter »Frühling der Freiheit«, der neben den brü-
derlichen, kulturellen, ökonomischen Horizonten auch politische
Visionen ermöglichte.

Sowohl die Türken in der Türkei als auch die Turkvölker Mittelasiens wurden darin vom Westen bestärkt und unterstützt.
Zentralasien erhielt auch geostrategisch eine ganz neue Wichtig-
keit, erst recht nach dem Ereignis des 11. September, das später
die Stellung Mittelasiens noch einmal heraushob angesichts der
Entwicklung in Afghanistan. Selbstverständlich hofften auch die
Amerikaner, von der neuen Öffnung Zentralasiens nach Westen
hin profitieren zu können: Militärische Planungen nach dem Ende
der Sowjetunion und der Unabhängigkeit der fünf Turkrepubliken
kamen ins Spiel und wieder fiel das so häufig strapazierte historische Stichwort vom »Great Game«.

Kontinuität und Stabilität schienen nach dem Ende des Kalten
Krieges insoweit gesichert, als – mit einer Ausnahme – in den asiatischen Republiken die alten Führer auch die neuen waren: Saparmurad Niyazow in Turkmenien, Islam Karimow in Usbekistan, Gho-
lam-Ali Rahmonow in Tadschikistan und Nursultan Nasarbajew in
Kasachstan. Nur in Kirgistan kam mit Askar Akajew zunächst ein
neuer Mann ans Ruder, ein Mann, der zuvor Physiker gewesen war
und nicht unbedingt der Nomenklatura angehört hatte.

Insbesondere politische Denker im Westen plädierten dafür, dass
die Türkei eine maßgebliche Rolle bei der Fortentwicklung der jun-

gen Turkstaaten spielen solle. Mit gutem Grund, wie wir in den vorigen Kapiteln gezeigt haben. Und die Türkei war im Großen und Ganzen auch willens, diese Rolle zu übernehmen. Dies galt auch für die transkaukasische Region, vor allem für Aserbaidschan, das nicht nur räumlich, sondern auch sprachlich der Türkei besonders nahe ist. Dort allerding sorgte der blutige Krieg mit Armenien um Nagornij Karabach schon bald für eine ungewollte Unterbrechung und Störung der Entwicklung.

In den folgenden Jahren vollzogen sich mehrere, teils gegenläufige Entwicklungen: Die kulturellen Kontakte wurden schlagartig intensiviert, die politischen Beziehungen normalisiert und ausgebaut. Auf dem Felde der Kultur war es eine wirkliche Befreiung, Intellektuelle konnten plötzlich reisen, aus Istanbul oder Ankara nach Almaty und Taschkent oder Baku, und natürlich auch umgekehrt. Märkte öffneten sich und sollten weiter geöffnet werden, die Bodenschätze der Region, insbesondere Öl und Erdgas, lockten potenzielle Investoren an. Nicht nur aus dem Westen, sondern auch aus Asien, wo Japaner und Südkoreaner mehr als nur Interesse bekundeten. Die Regierungen in Ankara waren entschlossen, ihre Pflicht gegenüber den türkischen Brüdern zu erfüllen. Amerikaner, Russen, Koreaner und etliche andere kamen mit ihren ökonomischen und politischen Anstrengungen an Ort und Stelle hinzu.

Es zeigte sich allerdings nach einiger Zeit, dass ein Schwellenland wie die Türkei angesichts der gigantischen Aufgaben sowohl wirtschaftlich als auch politisch überfordert war. Am besten glückte die »Entwicklungshilfe« noch auf dem Felde der Infrastruktur, vor allem in der Bauwirtschaft. Türkische Unternehmen engagierten sich im postsowjetischen Raum, zwischen Baku und Bischkek schossen Hotels, doch auch Wohnkomplexe aus dem Boden, die von türkischen Baufirmen errichtet worden waren. Von einem »türkischen Reich der Hotels« in Mittelasien war in der Presse gelegentlich – und sogar ein wenig spöttisch – die Rede. Die Turkrepubliken hatten ein sozusagen natürliches Interesse daran, diplomatisch und politisch eng mit Ankara zu kooperieren (der Botschafter Ankaras ist jeweils Primus inter Pares, wenn man vom amerikanischen und russischen einmal absieht, deren Stellung generell herausragt). Die Staatschefs besiegelten vertraglich ihre Bereitschaft zur Zusammenarbeit, doch wurde auch deutlich, dass man in den Turkrepubliken nicht die alte Abhängigkeit – von der Sowjetunion – durch eine neue – von Ankara – ersetzen wollte. So bestanden und bestehen die türkischen GUS-Republiken auf Selbstständigkeit und Eigenständigkeit, sie achten auf ihre Souveränität. Es reiften nicht alle türkischen Frühlingsträume, von den Fantastereien einiger Chauvinisten einmal ganz zu schweigen, die ohnehin aussichtslos waren. Regelmäßige Treffen der Staatspräsidenten finden statt, bei denen häufiger das Russische als das Türkische oder die jeweilige Turksprache verwendet wird. Dies mag allerdings daran liegen, dass eben die neuen politischen Führer Mittelasiens noch immer die alten sind, die absolut russisch/sowjetisch sozialisiert wurden, bis hinein in die Sprache. »Vom Enthusiasmus über eine gewisse Ernüchterung zu einem gesunden Pragmatismus«, mit dieser Formel könnte man den Wandel beschreiben, der seither in der Türkei in Bezug auf die eigenen Gestaltungsmöglichkeiten bei den türkischen Brüdern vonstatten gegangen ist. Und dies gilt auch reziprok für das Verhältnis der Türken Mittelasiens zu den Brüdern in Ankara und Istanbul.

Erfolgreicher war Ankaras Rolle in der Religionspolitik, die man, wenn man so will, schon unter die Kulturpolitik rechnen kann. Zukünftige Theologen wurden und werden aus Mittelasien zur Ausbildung in die Türkei entsandt, und umgekehrt. Von Beginn an hieß es, dies sei eine einmalige Chance für die Türkei, ihr laizistisches Modell gegen islamistische Bestrebungen dort zu verbreiten und durchzusetzen. In diesem Sinne war man tätig und musste sich gegen saudische, ägyptische und iranische »Konkurrenz« behaupten. Unruhen gab es und sie flammten in fast allen dieser unabhängig gewordenen Länder wiederholt auf. Auch einige Terroranschläge mit terroristischem Hintergrund. In Tadschikistan, das iranisch ist, gab es einen jahrelangen Bürgerkrieg zwischen den staatstragenden und dezidiert islamischen Kräften. Islamistisch motivierte Gewalt kam in Kirgistan, vor allem im Süden dieser Republik, und Usbekistan vor. Vor allem dort griff der Staat mit großer Härte gegen Vereinigungen wie »Hizb al-Tahrir« (»Befreiungspartei«) durch, die Beziehungen zu Al Qaida hat und ihre Fäden bis nach Europa spinnt; leider schritt man auch gegen die demokratische Opposition ein, die politische Vorstellungen nach westlichem Muster erkämpfen wollte. Am bekanntesten wurde die bereits erwähnte Organisation »Birlik«,. Sie sitzt heute zu großen Teilen in Europa oder Amerika.

Es muss beunruhigen, dass diese Art von Unrast keineswegs an ihr Ende gekommen ist. Dies zeigt sich deutlich in den bürgerkriegsartigen Unruhen und Zusammenstößen in Kirgistan, die im April des Jahres 2010 ausbrachen und zum Umsturz führten. Präsident

Kurmanbek Bakijew, der seinerseits zuvor den Staatschef Askar Akajew durch eine Volksbewegung gestürzt hatte, wurde aus dem Amt gejagt und ins Exil nach Weißrussland vertrieben. Von dort aus schürte er die politische und gesellschaftliche Unrast weiter, sodass auch die Interimsregierung unter Frau Otùnbajewa zu drastischen Mitteln der Repression greifen musste. Zwei Monate päter setzte eine Flüchtlingswelle aus Kirgistan ein, von der insbesondere die usbekische Minderheit betroffen war. In den Regionen von Osch und Dschalalabad fanden blutige Übergriffe von Kirgisen auf die dort lebenden Usbeken statt. Befürchtungen, die Unruhen könnten auf die türkisch geprägten Nachbarstaaten Kirgistans übergreifen, wurden laut. Sogar der übermächtige Nachbar Russland wurde durch die Zusammenstöße so sehr in Unruhe versetzt, dass sein Präsident eine Intervention nicht mehr für ausgeschlossen erklärte.

Diese Vorgänge machten deutlich, wie zerbrechlich nicht allein die neu entstandenen politischen Systeme in den fünf Turkrepubliken waren (und sind); sie wiesen überdies darauf hin, dass die gemeinsame türkische Herkunft und Sprache, etwa zwischen Kirgisen und Usbeken, aber auch die gemeinsame Religion Gewalttätigkeiten dieser Art nicht verhindern konnten. Man muss deshalb vorsichtig sein gegenüber Vorstellungen, das Gemeinschaftsgefühl der türkischen Völker habe Vorrang vor allem anderen, was man aus ideologisch einschlägig gefärbten Kreisen häufig hören kann.

Eine besondere Rolle bei der »Rekonstruktion« des Glaubens – der unter den Sowjetmuslimen zwar nie wirklich verloren ging, aber durch den Marxismus doch schwer getroffen worden war – spielte die religiöse Bewegung von Fethullah Gülen (geboren 1938 oder 1941): die Fethullahcilar. Diese agierte mit Wunsch und Willen der türkischen Regierung, die damals unter anderem von den Konservativen, aber auch von dem Sozialdemokraten und Amateurpoeten Bülent Ecevit (1925–2004) gestellt wurde. Die Anhänger der Fethullahcilar, die Millionen zählen, gehören nicht zu den traditionellen Tarikat, den Derwischorden, wie etwa die mittelasiatische Nakişbendi-Bruderschaft und andere, die es schon seit Jahrhunderten gibt, sondern zu den *cemaatlar*, zu den neueren Erweckungsbewegungen des türkischen Islam, die in den vergangenen Jahrzehnten recht einflussreich geworden sind. Ihre Quellen sind die Schriften des kurdischen Theologen Bediüzzaman Said-i Nursi aus Bitlis (1876–1960), insbesondere dessen monumentale »Risale-i Nur« (Traktat über das göttliche Licht) sowie die Predigten von Scheich Mehmet Zahit Kotku (1897–1980), bei dem sowohl Fethullah Gülen, als auch der spätere Regierungschef und Gründer der Partei AKP, Recep Tayyip Erdogan, Ministerpräsident seit 2002, Vorlesungen und Predigten hörten. Kotku war wohl ein Islamist, während man Said-i Nursi differenzierter einzuschätzen hat. Dies ist schon daraus zu erkennen, dass der Gründer der Türkischen Republik, Mustafa Kemal Atatürk, in den frühen Zwanzigerjahren eine Zeitlang durchaus um diesen Theologen warb, um ihn für seine politischen wie kulturellen Ziele zu gewinnen. Doch der verweigerte sich dem Reformator, weil dessen Pläne nach seiner Meinung den Islam zu sehr auf ein privates, öffentlich unverbindliches Verhältnis zu Gott einschränkten. Bis heute steht Said-i Nursi nicht nur im Zentrum religiöser, sondern auch kulturpolitischer Diskussionen und Kontroversen. Vieles an seinem Denken ist der Tradition verhaftet, doch es gibt zwei Punkte die ihn zu einem ernst zu nehmenden Erneuerer des Islam machen: seine Betonung des Ethischen, das der eigentliche Kern des Religionsgesetzes sei, und seine Forderung, der Islam müsse die moderne Naturwissenschaft des Westens integrieren. Diese Verbindung, so sagen manche, habe bei den Schülern Said-i Nursis zu einem »islamischen Calvinismus« geführt, der sich jetzt positiv auswirke und eine neue, religiöse Elite in der Türkei hervorgebracht habe – zum Leidwesen der alten Elite. Diese alte Elite will davon überhaupt nichts wissen und sieht auch in Fethullah Gülen nichts anderes als einen Wolf im Schafspelz. Während man seine Anhänger zunächst nach Mittelasien entsandte, um dort moderate islamische Strukturen aufzubauen, beorderte man sie Jahre später wieder zurück. Gülen verließ das Land im Jahre 1999 und ließ sich in den Vereinigten Staaten nieder. Seither scheiden sich an ihm noch mehr die Geister als zuvor. Die alte kemalistische Elite wittert ein Machtkomplott gegen die Türkei, an dem auch die Amerikaner beteiligt seien.

Gülen hingegen, der auch Gedichte schreibt und sie früher immer an Bülent Ecevit schickte oder Lesungen mit ihm zusammen veranstaltete, sieht sich als nichts anderes denn als Erneuerer (*müceddid*) des Islams in der Türkei. Immer wieder bekräftigt er, dass er nach einem spezifisch »türkischen« Islam strebe, der sich vom arabischen und persischen Islam unterscheide. Der arabische Islam werde im Wesentlichen durch die Scharia (türkisch: *şeriat*) definiert, das Korsett des umfassenden Religionsgesetzes der vier anerkannten Rechtschulen, sozusagen die gesetzesförmige Ausführung des Sunnitentums *kat'exochen*. Der persische Islam wird nach Gülen durch die spezifisch schiitischen Elemente der Imam-Verehrung und durch die kollektiven Trauerriten charakterisiert. Der von ihm intendierte türkische Islam betone hingegen die Traditionen des Volksislams in Anatolien, zu denen eben auch die religiösen Bruderschaften, die früheren Ahi-Bünde und andere kommunitaristische Strukturen gehörten. Ethik ist der Kern des Volksislams, weniger die Orthopraxie oder der bloße Ritualismus.

Inwieweit die Vorstellungen Gülens in Mittelasien gegriffen haben, ist schwer zu sagen. Auf islamistische bis terroristische Organisationen und Ereignisse haben wir schon hingewiesen. Man sollte sie indessen auch nicht überschätzen. Wahrscheinlich hat auf längere Sicht ein dezidierter Islam in Usbekistan, dem alten islamischen Kulturland zwischen Syr Darja und Fergana-Becken, weitaus größere Aussichten als im oberflächlicheren und später islamisierten Kasachstan oder Kirgistan. Es dauerte ja bis in das 19. Jahrhundert hinein, bis die letzten Kasachen- und Kirgisen-Auls islamisiert waren. Als Reisender konnte man jedenfalls in den Neunzigerjahren des vorigen Jahrhunderts beobachten, wie nach der Unabhängigkeit Moscheen wie Pilze aus dem Boden schossen. Alle Länder haben auch Prachtmoscheen errichten lassen, insbesondere in Turkmenistan tat sich dabei der Turkmenbaschi hervor. Doch ob solcherlei Repräsentativbauten mehr als symbolischen Charakter haben, ist noch sehr die Frage. Dass nach dem Ende des Sowjetkommunismus die alten religiösen und kulturellen Traditionen Turkestans wieder aufleben, ist, wenn man die Geschichte kennt, nur allzu verständlich. Und diese wurzelt nun einmal seit vielen Jahrhunderten im Islam.

Zu jenen, die den Frühling der Freiheit nach einem langen Leben des Wirkens für ein befreites Turkestan noch erleben konnten, gehört BAYMIRZA HAYIT, der bedeutende mittelasiatische Gelehrte, der viele Jahrzehnte fern der Heimat zubringen musste. Überall in der türkischen Welt verehrt man heute diesen Mann, der im Westen so gut wie unbekannt geblieben ist – wenige Spezialisten einmal abgerechnet.

Baymirza Hayit – Traum und Widerstand im Exil

Das letzte Ziel BAYMIRZA HAYITS war immer ein befreites, aber auch vereinigtes Turkestan, und zwar Ost wie West. Zur Befreiung von russischer Herrschaft ist es gekommen, das konnte er noch erleben, nicht aber zur Vereinigung – ein Ziel, das vielleicht auch unmöglich geworden ist, auch wenn Hayit immer wieder bekräftigte, man habe früher vor der Fremdherrschaft immer nur von Turkestan gesprochen, wenn man den Raum zwischen dem Kaspischen Meer und Singkiang meinte. Da sei es gleichgültig gewesen, ob es sich um Usbeken oder Kasachen, Turkmenen oder Uiguren, West- oder Ostturkestan gehandelt habe.

Baymirza Hayit stammte aus einem Dorf bei Namangan, das heißt aus einer Region, die immer besonderen Wert auf ihre islamisch-kulturelle Verwurzelung gelegt hat. Auch heute ist der Islam dort wieder stärker als anderswo in der Umgebung. Er wurde am 17. Dezember 1917 als Sohn von Rabiya Hayit und Mirza Mahmutmirzaoglu in Yargorgan geboren. Seine akademische Ausbildung als Geisteswissenschaftler erhielt der junge Baymirza an der Universität zu Taschkent, die er 1939 absolvierte. Im selben Jahr wurde er nach Kriegsausbruch Kommandeur eines Panzergeschwaders der Roten Armee in Polen, im Jahre 1941 geriet er in deutsche Kriegsgefangenschaft und wechselte sozusagen die Seiten; das war bei Angehörigen jener Völker, die von Russen, Kommunisten und Sowjets unterdrückt worden waren so selten nicht. Er kämpfte für den Rest des Krieges in der Turkestanischen Legion der deutschen Wehrmacht.

Es versteht sich, dass er auch den Rest seines Lebens im Exil verbringen musste, denn in der Sowjetunion galt er ja als Hochverräter. In dieser Zeit schloss Hayit auch Bekanntschaft mit Mustafa Çokay (1890–1941), dem in Berlin verstorbenen Vorkämpfer für ein freies Turkestan. Auch für Baymirza Hayit wurde Deutschland zur zweiten Heimat, denn er begann 1947 an der Universität Münster ein Studium der Geschichte, der Orientalistik und der Islamwissenschaft, das er 1950 mit einer Arbeit über »Die nationalen Regierungen von Kokand und der Alasch Orda« abschloss. In den folgenden Jahrzehnten hat sich der Gelehrte in etwa fünfzehn Büchern mit der Kultur, Geschichte und Politik seiner mittelasiatisch-türkischen Heimat beschäftigt und gehörte zu jenen Stimmen, die immer wieder auf die Unterdrückung der Muslime zunächst unter den Zaren, dann in der Sowjetunion hinwiesen, ein beharrlicher Mahner für Freiheit und Unabhängigkeit. Es versteht sich, dass er – wie westliche Gelehrte auch, die sich mit dieser Thematik befassten – in der Sowjetunion Persona non grata war und man seine Werke dort als »Propaganda« und »Hetze« totschwieg. Das änderte sich erst, als die welthistorische Wende der Jahre 1989 bis 1991 zum Zusammenbruch des Sowjetreiches und zur Wiedergewinnung der

Unabhängigkeit jener fünf muslimischen Teilrepubliken zwischen dem Kaspischen Meer und dem Altai-Gebirge führten. Baymirza Hayit empfand dies als Genugtuung, hatte er doch gerade auch an amerikanischen (und anderen) Universitäten immer darauf beharrt, dieses Ziel sei nicht unerreichbar.

Hayits wie anderer Forscher Arbeiten haben so eine späte Aktualisierung erlebt, die ganz unterschiedliche Richtungen eingeschlagen hat. Es ist nicht zu übersehen, dass die politische Neugestaltung, einschließlich der Grenzen, die den alten sowjetischen Teilrepubliken entsprechen, nicht problemlos ist. Einmal zerschneiden sie, was Absicht war, teilweise die Gebiete der Ethnien; zum andern beeinträchtigen sie in der Praxis natürlich die Bewegungsfreiheit der mittelasiatischen Völker, was um so einschneidender ist, als das Bewusstsein einer turkestanischen Zusammengehörigkeit noch immer stark ausgeprägt ist. Die jeweils Herrschenden haben kein Interesse daran, dieses turkestanische Bewusstsein über Gebühr zu fördern, es könnte ihnen gefährlich werden.

Es ist schwer zu sagen, inwieweit die welthistorischen Ereignisse der Neunzigerjahre panturanistische und pantürkische Gedanken wiederbelebt haben. Dass beim neuen nation building der Rückbezug auf die türkische, mongolische und mittelasiatische Geschichte eine wichtige Rolle spielt, haben wir schon hervorgehoben; ebenso die Mythen der Vergangenheit, wie sie in der alten Dichtung dargestellt werden. Dies muss nicht zwangsläufig zur Herausbildung einer radikalen Ideologie führen, auch wenn etwa in der Türkei großtürkisch-nationalistische Zirkel (Stichwort »Ergenekon«) einen gewissen Zulauf bekommen haben. Das neu-alte turkestanische Bewusstsein ist vor allem auch in Bezug auf die osttürkischen Uiguren aufgebrochen, deren Gebiete immer (als Ostturkestan) zu Turkestan gerechnet wurden, heute aber unter chinesischer Herrschaft stehen. So sehr man auf dem Felde der Menschenrechte und demokratischen Mitbestimmung mit den Uiguren fühlen mag, so aussichtslos dürfte ein gewaltsamer Widerstand gegen die Übermacht Pekings sein. Der notwendige Druck sollte allerdings dazu führen, den Ostturkestanern jene gleichen politischen und kulturellen Rechte zu verschaffen, die die Verfassung Chinas in der Theorie allen Minderheiten verspricht. Die Türken und die Turkestaner bilden zuerst und vor allem eine Kulturnation; dies haben wir darzustellen versucht und dies sollte man nicht vergessen. Neben den einzelnen Völkern existiert ein Gemeinschaftsbewusstsein.

Was nun die Literatur und das literarische Leben betrifft, die für uns im Vordergrund stehen, so ist die Neugier der in der Türkei lebenden Türken auf große Werke ihrer mittelasiatischen Brüder durchaus groß. Jene bedeutenden Dichtungen, über die wir berichtet haben – von den großen alten Epen bis zu den Klassikern der Lyrik wie Ahmed Yesevi, Yunus Emre, Hatayi, Fuzuli oder Mir Alischir Navoi – sind diesseits und jenseits des Eisernen Vorhangs immer populär und geschätzt gewesen. Heute geht es jedoch darum, die literarische Produktion der jeweiligen Moderne zu rezipieren, das heißt die Werke von Kasachen, Usbeken, Turkmenen in der Türkei – und umgekehrt. Das ist wieder eine gigantische Aufgabe für Übersetzer: aus dem Russischen ins Türkeitürkische oder aus den jeweiligen Turksprachen und dann wieder vom Türkeitürkischen in die anderen Sprachen. Nimmt man das aserbaidschanische Türkisch, das schon seit vielen Jahren wieder in der Lateinschrift wiedergegeben wird, so sind für sprachlich versierte türkische Leser Übersetzungen eigentlich überflüssig, da genügt – etwa bei den Werken eines Anar oder Elçin – ein Anmerkungsapparat. Bei älteren aserbaidschanischen Autoren, wie Sabir oder Ahundzade, stellen sich bisweilen ähnliche Probleme wie beim Osmanischen: der Wortschatz ist, zeitbedingt, noch zu sehr dem Persischen und Arabischen verhaftet, als dass ihn ein heutiger türkischer Leser von, sagen wir 25 oder 30 Jahren, so einfach kennen und verstehen könnte. In meinen beiden anderen Büchern über die türkische Literatur bin ich auf die Schwierigkeiten der Übertragung aus den verschiedenen Stufen des Osmanischen in das moderne Türkisch, wie sie nun seit Jahrzehnten vorgenommen wird, ausführlich eingegangen, sodass sich eine Wiederholung erübrigt.

Die Werke der bedeutendsten Autoren Mittelasiens, wie Aitmatow (Cengiz Aytmatov), Yakubow (Adil Yakuboglu) oder Schachanov (Muhtar Ömeroviç Şahanov) liegen in Übersetzungen vor, etwa Schachanovs »Cengiz Han'in sirri« – Das Geheimnis Dschingis Khans. Das gilt auch für die historischen Romane Yakubows, die allesamt den kulturellen Glanz Mittelasiens aus dessen bester Epoche heraufbeschwören. Am bekanntesten von diesen Werken wurde auch in der Türkischen Republik der bereits erwähnte Roman »Der Schatz des Ulug Beg« (*Ulug Bey'in hazinesi*). Immer deutlicher zeigt sich, dass Figuren wie Ulug Beg, der Philosoph al-Farabi (die beide Türken waren), dazu Perser wie Ibn Sina und »Choresmier« wie al-Biruni die großen Identifikationsfiguren der mittelasiatischen Intellektuellen waren und es nun auch wieder werden; bei den Politikern sind es mehr die Heerführer und Staatenlenker, wie Timur oder Dschingis Khan, wobei Letzterer auch bei den Fragen der ethnischen Identität (Kasachen, Kirgisen) eine wichtige Rolle einnimmt. Der Literatur und Dichtung kommt bei all diesen Prozessen der sukzessiven Identitätsfindung eine überragende Rolle zu.

Bemühungen um die Schaffung eines »Gemein-Türkisch«

Ein interessantes kulturpolitisches Experiment mit völlig ungewissem Ausgang ist der seit Jahren laufende Versuch, so etwas wie eine »gemein-türkische Sprache zu schaffen«, ein Idiom, das künstlich entstünde und daher mit allen Makeln einer solchen Künstlichkeit behaftet wäre. Beteiligt daran sind die jeweiligen Sprachakademien der Länder. Und es sind auch mehr die Sprachwissenschaftler als die Autoren von schöner Literatur oder gar die Dichter darin involviert. Das Unternehmen kann nicht anders als gigantisch charakterisiert werden. In der Wissenschaft besteht schon kein Einvernehmen darüber, ob und bis zu welchem Grade die Sprachreform in der Türkischen Republik seit 1928 wirklich geglückt ist, denn noch immer stellt sie ein Problem dar. Zwar sind Fragen des Wortschatzes (alt oder neu) in ein ruhigeres Fahrwasser geraten, aber sie stellen sich zwischen den Generationen immer noch. Ein interessantes Phänomen ist darin zu sehen, dass ausgerechnet zeitgenössische Autoren wie ELIF ŞAFAK (Jahrgang 1971) aus ihrer Vorliebe für die alten arabischen oder persischen Wörter aus dem osmanischen Türkisch keinen Hehl machen und sie ungeniert verwenden, wenn dies aus ihrer Sicht künstlerisch vertretbar ist. Der heutige Schriftsteller in der Türkei kann in gewisser Weise die Wortebene wählen und variieren. Viel eindeutiger ist die Lage hingegen bei den grammatikalischen Veränderungen, die seit den Zwanzigerjahren vorgenommen worden sind. Da wurden arabische und persische Muster weitgehend aus dem Sprachgebrauch wie aus der geschriebenen Praxis eliminiert. Ausnahme ist bei manchen altertümlichen Wortfügungen und Begriffen die persische Izafet-Konstruktion anstelle des üblichen Genitivs. Zum Beispiel: *aff-i umumi*, Generalamnestie, *örf-i idare*, Ausnahmezustand, und so weiter.

Seit Beginn der Sprachreform in der Türkei, ja auch schon zuvor hat man über die anderen Turksprachen geforscht und sich bei ihnen in vielerlei Weise bedient. Diese anderen Turksprachen hinwiederum haben sich auch verändert. So hat etwa das Aserbaidschanische von Baku einen noch stärker vom Persisch-Arabischen geprägten Wortschatz als das Türkeitürkische, und noch viel mehr gilt dies für das in Nordwestiran gesprochene und mit dem persischen Alphabet geschriebene Aserbaidschanisch, dessen Zentrum Täbris ist. Auch im Usbekischen ist der Anteil persischer Wörter hoch, weniger hingegen in den östlich davon herrschenden Sprachen wie Kasachisch und Kirgisisch, obwohl er auch da vorhanden ist.

Am Anfang dieses Buches haben wir darauf hingewiesen, dass es auch Turksprachen gibt, bei denen Abweichungen so eklatant sind, dass man sie nur noch mit Mühe unter die Turksprachen einreihen konnte. Als Musterbeispiel dafür wird immer das Tschuwaschische angeführt. Diese Turksprache wird gewiss, wie einige andere auch, kaum in ein »Gemeintürkisch« einzufügen sein, das ja eine Art »innertürkisches Esperanto« sein müsste. Das originale Esperanto selbst hat schon nicht gehalten, was sich sein Erfinder von ihm einst erhofft hatte; so ist der Verdacht nicht unbegründet, auch ein »Gemeintürkisch«, wenn es denn zustande kommen sollte, werde nicht das bringen, was man von ihm erwartet. Das Ganze ist wohl ein interessantes, grenzwertiges Experiment und könnte es bleiben.

Es ist gewiss möglich und auch schon mehrfach unternommen worden, aus einem großen Teil der Turksprachen einen gemeinsamen Grundwortschatz herauszudestillieren und diesen Wortschatz auf irgendeine Weise populär zu machen. Nach dem Fall des Eisernen Vorhangs gewann diese Idee wieder Zustimmung unter den türkischen Völkern. Völlig problemlos funktioniert das bei den Zahlwörtern, doch ist das Prinzip auf viele andere Wörter ausdehnbar, die für den Alltag wichtig sind und die es schon in alten Sprachstufen des Türkischen gibt. In Lehrbüchern über die Turksprachen finden sich Listen gemeintürkischer Grundwörter, die man sicher immer weiter vervollständigen kann. Auch die Gesetze der Vokalharmonie, die eigentlich umfassender »Lautharmonie« genannt werde müsste, kann man stärker vereinheitlichen, falls sie für die jeweiligen Muttersprachler eine Schwierigkeit darstellen sollten. Generell dürfte gelten: Je einfacher die grammatikalische Ebene, desto leichter die Verständigung. Ein einfacher Satz, wie etwa »Gibt es Wasser?«, bietet keine große Verständigungsschwierigkeit zwischen einem, sagen wir, Kasachen und einem Türkeitürken, denn das Kasachische »*suw bar ma?*« ähnelt so sehr dem Türkischen »*su var mi?*« – Hauptwort, Fragewort, Fragepartikel –, dass man sich leicht versteht. Kaum Schwierigkeiten bieten auch Lautverschiebungen, wie zwischen *göl* (See) und *köl* oder *kul*, *kök* oder *gök* (Himmel), *dil* (Sprache) und *til* etc. Eine vertiefte Konversation macht ein Eintauchen in die jeweilige Turksprache notwendig, wenn das Ganze Sinn haben soll. Eine weitgehende Angleichung der grammatischen Struktur ist sicher möglich, doch wird dieses so geschaffene Türkisch wohl auch gelernt werden müssen und nicht so einfach, wie es manchem scheinen mag, für alle verständlich sein. Möglicherweise verhält es sich mit einem anzustrebenden Gemein-Türkisch, das für alle annähernd akzeptabel sein soll, so ähnlich wie mit den sogenannten künstlichen Sprachen überhaupt, von denen Esperanto die bekannteste und auch am meisten verbreitete ist, ohne dass sie ihren Anspruch, eine wirkliche Weltsprache zu werden, jemals eingelöst hätte. Da war und ist gegen das Englische offenkundig kein Kraut gewachsen.

Ein weiteres Gebiet, das mit der sprachlichen Einheit zusammenhängt, ist das der Schriftreform. Nach der Annahme des Islams wurden praktisch alle verschriftlichten Turksprachen mit arabischen Lettern geschrieben. Die Türkische Republik schaffte, zusammen mit dem Beginn der Sprachreform, 1928 das arabische Alphabet ab und führte eine Lateinschrift ein, mit der das Türkische bis heute geschrieben wird. Diese Schriftreform wurde allgemein als ein Schritt der Vereinfachung und Modernisierung begrüßt. Das Beispiel der Türkei machte bei den Turksprachen des Kaukasus und Mittelasiens Schule, man führte dort ebenfalls lateinische Alphabete ein, bis Stalin anordnete, die müssten in Kyrillisch geschrieben werden. Man entwickelte kyrillische Systeme, die einige lautliche Besonderheiten der Turksprachen durch zusätzliche Zeichen wiedergaben.

Heute, zwei Jahrzehnte nach der Unabhängigkeit von Moskau, ist die Situation ganz uneinheitlich: Während man in Aserbaidschan schon seit Ende der Neunzigerjahre für das Azeri nur noch ein modifiziertes Lateinalphabet verwendet, dauerte diese Umstellung bei anderen länger. Lateinisch schreiben inzwischen die Turkmenen und die Usbeken. In Kasachstan hat man die Einführung eines lateinischen Alphabets im Parlament beschlossen, doch verwendet wird noch immer das kyrillische. Gleiches gilt für Kirgistan. Eine Ein-

heitlichkeit, die ein leichtes Lesen möglich machen würde, existiert
also noch nicht. Und die Turksprachen jener Türken, die innerhalb
der Russländischen Föderation leben, werden natürlich in Kyrillisch
wiedergegeben.

Das Bemühen der türkischen Völker, ihre Zusammengehörigkeit
neu zu bewerten, zielt nicht allein auf sie selbst. Ebenso wichtig ist
es, dem Rest der Welt klarzumachen, dass der türkische Genius sich,
aus dem mittelasiatischen Ozean auftauchend, seit zweitausend Jahren geschichtlich und kulturell ebenso stark bemerkbar gemacht hat,
wie derjenige anderer Völker. Doch im Unterschied zu diesen weiß
man darüber viel zu wenig. Pantürkische Spiele, das heißt radika-
le Theorien und Ideologien wie Pantürkismus oder Panturanismus
sind jedoch nicht notwendig, um dieser eklatanten Unkenntnis
abzuhelfen. Leute wie Gökalp, Akçuraoglu und andere haben ihre
Zeit gehabt und ihren historischen Wirkungskreis ausgeschritten.
Es genügt, stärker als bisher das Augenmerk der Gebildeten auf
jenen türkischen Kosmos zu lenken, auf dessen Existenz wir am
Beginn dieses Werkes angespielt haben. Einen beträchtlichen Teil
dieses kulturellen, hier vorwiegend literarisch gezeichneten Meeres
haben wir in dem vorliegenden Buch abzumessen versucht. Ich hof-
fe, dass es auch manches dazu beitragen kann, jene türkischen Menschen ein wenig besser zu verstehen, die zu Millionen mittlerweile
in unserem Land leben und es verändern, auch wenn sie meistens
nicht aus Mittelasien kommen.

Bibliografische Angaben und weiterführende Literatur

Aitmatow, Tschingis: Dschamilja, Frankfurt am Main 1963

Ders.: Abschied von Gülsary, Zürich 1985

Ders.: Der Schneeleopard, Zürich 2006

Ders.: Ferne Heimat Kirgisien (Fotografien von Georg Kürzinger), München 1999 (Eine ganze Reihe anderer Romane dieses Autors sind ebenfalls im Züricher Unions-Verlag erschienen)

Akajew, Askar: Der Weg Kirgistans. Ein Gespräch mit dem ersten Präsidenten der Kirgisischen Republik, mit Bildern von Sagyn Alitschijew (Ein Band, der mit Vorsicht zu genießen ist, da er vor allem der Profilierung Akajews dient)

Akiner, Shirin: Islamic Peoples of the Sovjet Union, London 1986 (revised edition, noch immer brauchbar, auch wenn die Sowjetunion nicht mehr existiert)

André, Paul (Hrsg.): Die Kunst in Zentralasien, Bournemouth 1996

Auesow, Muchtar: Abaj. Roman in zwei Teilen, Moskau 1953

Barthold, Wilhelm: Turkestan Down to the Mongol Invasion, London 1932

Ders.: Zwölf Vorlesungen über die Geschichte der Türken Mittelasiens, Berlin 1935

Bartholomä, Ruth: Von Zentralasien nach Windsor Castle. Leben und Werk des Orientalisten Arminus Vámbéry (1832–1913), Würzburg 2006

Benzing, Johannes: Einführung in das Studium der altaischen Philologie und der Turkologie, Wiesbaden 1953. (Dort findet sich jede Menge Fachliteratur zur Turkologie)

Brentjes, Burchard: Mittelasien, Leipzig 1977

Brook, Kevin Alan: The Jews of Khazaria, London/New York 1999

Burnaby, Frederick: A Ride to Khiva. With an Introduction by Peter Hopkirk, London 1886 (reprint 2005)

Cholet, Armand Pierre: Excursion en Turkestan et sur la Frontière Russo-Afghane, Paris 1889 (reprint)

Doblhofer, Ernst: Die Entzifferung alter Schriften und Sprachen, Neuauflage Ditzingen 2008

Ergin, Muharrem: Orhon abideleri, Istanbul 1988 (ein in nationalistischer Absicht verfasstes Werk)

Gökalp, Ziya: Türkçülügün Esaslari, Reihe Türk Klâsikleri, Istanbul 1990

Göckenjan, Hansgerd/Zimonyi, István: Orientalische Berichte über die Völker Osteuropas und Zentralasiens im Mittelalter. Die Gayhani-Tradition, Wiesbaden 2001

Grobe-Hagel, Karl: Russlands Dritte Welt. Nationalitätenkonflikte und das Ende der Sowjetunion, Frankfurt am Main 1992

Ders.: Hinter der Großen Mauer. Religionen und Nationalitäten in China, Frankfurt am Main 1991

Güler, Halit: Sovyetler birligindeki Türkler, Ankara 1990

Gumppenberg, Marie-Carin von/Steinbach, Udo (Hrsg.): Zentralasien. Geschichte, Politik, Wirtschaft. Ein Lexikon, München 2004

Hayit, Baymirza: Turkestan im XX. Jahrhundert, Darmstadt 1956

Ders.: Turkestan zwischen Russland und China, Amsterdam 1971

Ders.: Turkestan. Im Herzen Euroasians, Studienverlag 1980

Ders.: Islam and Turkestan Under Russian Rule, Istanbul 1987

Heissig, Walter: Die Mongolen, Düsseldorf 1979

Hötzsch, Otto: Russland in Asien. Geschichte einer Expansion. Mit einem Vorwort von Klaus Mehnert, Stuttgart 1966

Hopkirk, Peter: Die Seidenstraße. Auf der Suche nach verlorenen Schätzen in Chinesisch-Zentralasien, München 1986

Ders.: Östlich von Konstantinopel. Kaiser Wilhelms Heiliger Krieg um die Macht im Orient, Wien/München 1996

Horn, Paul: Geschichte der persischen Litteratur, Leipzig 1901 (Reprint 2006)

Ibn Fazlan: Seyahatnâme, Istanbul, ohne Jahr

Iwanow, Dmitrij: Die Russen in Turkestan, Stuttgart 1876 (Reprint)

Kadeer, Rebiya: Die Himmelsstürmerin. Chinas Staatsfeindin Nummer 1 erzählt aus ihrem Leben, München 2007

Kekilbayev, Abish: The Ballad of Forgotten Years, 2008

Klimkeit, Hans-Joachim: Die Seidenstraße. Handelsweg und Kulturbrücke zwischen Morgen- und Abendland, Köln 1990

Köprülü, Mehmet Fuat: Türk Edebiyati Tarihi, (3. basim, Istanbul 1981)

Krahmer, Georg: Russland in Mittelasien, Leipzig 1897 (Reprint Münster und Hamburg 1997)

Kutschera, Hugo von: Die Chasaren. Historische Studie (Reprint)

Knoblauch, Edgar: Turkestan. Taschkent, Buchara, Samarkand. Reisen zu den Kulturstätten Mittelasiens, München 1983

Kuzgun, Şaban: Hazar ve Karay Türkleri, Türklerde Yahudilik ve Dogu Avrupa Yahudilerinin Menşei Meselesi, Ankara 1993

Laut, Jens-Peter: Vielfalt türkischer Religionen. In: Spirita, Zeitschrift für Religionswissenschaft, 10. Jahrgang, Heft 1/1996, S. 24–36

Le Coq, Albert von: Auf Hellas Spuren in Ostturkistan, Leipzig 1926

Lerch, Wolfgang Günter: Zwischen Steppe und Garten. Türkische Literatur aus tausend Jahren, München 2008 (darin insbesondere die ersten fünf Kapitel, die sich summarisch mit den großen türkischen Epen beschäftigen)

Menges, Karl H.: The Turcic Languages and Peoples, Wiesbaden 1968

Nagel, Tilman: Timur der Eroberer und die islamische Welt des späten Mittelalters, München 1993

Nurpreissow, Abdishamil: Der sterbende See. Romandilogie, Berlin 2006

Özkirimli, Atilla: Türk edebiyati ansiklopedisi, 4 cilt, Istanbul 1983

Osman, Attila: Türk kahramanlik şiirleri antolojisi, Istanbul 1967

Oxus. Magazin für Politik, Wirtschaft und Kultur in Zentralasien, Heft 3, 1999 (nur der Literatur gewidmet)

Parda, Yuldash: Alisher Navoi, Ummondan durlar – Perlen aus dem Ozean, Taschkent 2000

Poppe, Nikolaus: Vergleichende Grammatik der altaischen Sprachen, Wiesbaden 1960

Roth, Andreas: Chasaren. Das vergessene Großreich der Juden, Neu Isenburg 2006

Rypka, Jan: Iranische Literaturgeschichte, Leipzig 1959

Şad Mihr, Eman Kiliç: Mahtumghuli Ferâghi. Şair-e nâmdar-e Torkmân, Edebistan, Teheran 1994 (in der türkischen Übersetzung von Ali Temizel, siehe unten)

Sarkisyanz, Emanuel: Geschichte der orientalischen Völker Russlands bis 1917, München 1961

Schachanow, Muchtar: Irrweg der Zivilisation. Ein Gesang aus Kasachstan. Mit einem Vorwort von Tschingis Aitmatow, München/Zürich 1999

Scharlipp, Wolfgang Ekkehard: Die frühen Türken in Zentralasien. Eine Einführung in ihre Geschichte und Kultur, Darmstadt 1992

Ders.: Eski Türk run yazitlarina giriş. Ders kitabi – An Introduction to the Old Turkish Runic Inscriptions. A Textbook in English and Turkish, Engeschoff 2000

Ders.: Die alttürkische Literatur. Einführung in das vorislamische Schrifttum, Engeschoff 2005

Seysenbajev, Rollan: Der Tag, an dem die Welt zusammenbrach, Almaty 1990

Soucek, Svat: A History of Inner Asia, New York 2009 (neunte Auflage)

Stölting, Erhard: Eine Weltmacht zerbricht. Nationalitäten und Religionen in der UdSSR, Frankfurt am Main 1990

Teke, Cumhur: Oguzen. Von den Steppen Zentralasiens zur Weltpolitik, Hamburg 2008

Temizel, Ali (haz.): Türkmen şairi Mahtumguli Firagi'nin düşunceleri çerçevesinde birinci uluslararasi bilim kongresi ve anma etkinliklerin ardinda, Selçuk Üniversitesi, Fen-Edebiyat Fakültesi, Edebiyat dergisi 2007, 225-234

Tolstow, S.P.: Auf den Spuren der altchoresmischen Kultur, Moskau 1948

Vámbéry, Herman (Arminius): Das Türkenvolk in seinen ethnologischen und ethnografischen beziehungen, Leipzig 1885 (reprint)

Vámbéry, Arminius: His Life and Adventures Written by Himself, London 1886 (reprint)

Ders.: Geschichte Bocharas oder Transoxaniens von den frühesten Zeiten bis auf die Gegenwart, Band II, Stuttgart 1872 (Nachdruck zuletzt 2006)

Ders.: Man nannte mich Reschid Effendi. Vámbérys Reisen in Mittelasien, Leipzig, Nachdruck 1979

Widengren, Geo: Mani und der Manichäismus, Stuttgart 1965

Windisch, Elke: Zentralasien. Politische Reisereportagen, Berlin 2007

Zentralasien. Herausgegeben von Gavin Hambly, Fischer Weltgeschichte Band 16, Frankfurt am Main 1966

Chronologischer Überblick über die für die Kultur und Geschichte Mittelasiens relevanten Herrschaften und Dynastien

Für die vorislamische Zeit folge ich den Arbeiten des deutschen Turkologen Wolfgang Ekkehard Scharlipp, für die islamischen Epochen dem bekannten Werk von Clifford E. Bosworth »The Islamic Dynasties«, das in einer neuen, aktualisierten Auflage erschienen ist, und dem Buch »Mittelasien« von Burchard Brentjes, Leipzig 1977. Eindeutige territoriale Abgrenzungen der Regionen Mittelasiens sind umso schwieriger, als sich Herrschaftsgebiete teilweise geografisch überschnitten haben und Dynastien, nicht immer deutlich unterscheidbar, einander ablösten. In streng wissenschaftlichen Spezialpublikationen kann man sich unschwer über all diese Herrscherhäuser einen gründlicheren Ein- und Überblick verschaffen.

In vorislamischer Zeit:

Göktürken

552 n. Chr.:	Von Bumin Kagan begründet
584:	Der westtürkische Kagan Tardu sagt sich von der osttürkischen Herrschaft los. Es entstehen zwei Reiche.
630:	Das osttürkische Reich unterwirft sich China.
659:	Das westtürkische Reich wird von China einverleibt.
693–716:	Größte Machtfülle alttürkischer Reiche.
742:	Ablösung der Göktürken durch die Uiguren.
742–1209:	Zuletzt unterstellen sich die Uiguren der Herrschaft Dschingis Khans.
751:	Niederlage der Chinesen gegen die Araber am Talas-Fluss, die von den Karluken unterstützt werden.
800:	Die Uiguren erobern Chotscho, Karaschahr und Kutscha.
880:	Gründung des uigurischen Königreiches von Kann-chou.

In islamischer Zeit:

750–1258	Abbasiden
998–1122	Ghaznawiden
1034–1157	Seldschuken, davon zu unterscheiden die Seldschuken von Rum, Anatolien, die dort bis 1244 herrschten.
1165, dann	
1220–1507	Mongolen und Timuriden
874–1000	Samaniden
990–1212	Karahaniden (die zum Islam bekehrten Karluken)
936–1218	Kara Kitai (zum Islam bekehrte Mongolen)

1429–1920   Khanat von Buchara (Buchara wird am Ende Teil der Sowjetunion)
1512–1665   Khanat von Chiwa (Choresmien): Schaibaniden
1804–1920   Kungratiden (seit 1873 russische Vorherrschaft, 1887 Eroberung von Merw, heute Mary)
1920   Gründung der Volksrepublik Choresmien, die 1924 in die
             Unionsrepublik Usbekistan eingegliedert wird.
bis 1920   Khanat von Kokand (Fergana).
13./14. Jrhd. Die Uiguren in Ostturkestan treten zum Islam über. Über
             Jahrhunderte bleibt das Verhältnis zu China zwiespältig, die
             Herrschaft der chinesischen Kaiser wechselhaft.
19. Jrhd.:   Ist durch etliche Aufstände der Uiguren und anderer Muslime gekennzeichnet (Erhebung unter Yakub Beg).

Moderne Zeit, Mittelasien unter der Sowjetmacht und Rot-China:

1922:   Der sogenannte Basmatschen-Aufstand wird niedergeschlagen, doch dauert sporadischer Widerstand bis in die frühen
             Dreißigerjahre an. Mittelasiatische Intellektuelle kommen
             erstmals vor Gericht.

             In diesem Zeitraum Bildung und Konsolidierung der Teilrepubliken (SSR) Turkmenistan, Tadschikistan, Usbekistan,
             Kasachstan, Kirgistan.
1937/38:   Die unter Stalin vorgenommenen »großen Säuberungen«
             erfassen auch Mittelasien. Verfolgung muslimischer und
             national denkender Intellektueller. Gleichzeitig wird Mittelasien zentraler Ort für Verbannungen. Ganze Völker, wie die
             Krimtataren oder die Mescheten, werden nach Zentralasien
             deportiert, etwa in das Fergana-Tal. Taschkent wird »Hauptstadt« der Deportierten.
1991/1992:   Im Zuge des Zerfalls der Sowjetunion gewinnen die fünf
             mittelasiatischen Teilrepubliken ihre Unabhängigkeit.

             In Singkiang (Xinjiang) in Nordwestchina erklären sich die
             Uiguren zwei Mal im 20. Jahrhundert für unabhängig, nach
             dem Ersten Weltkrieg und 1944.
1950:   Wie in Tibet, beendet das kommunistische Regime auch
             in Singkiang die uigurische Unabhängigkeit. Unter ihrem
             Führer Yusuf Alptekin und seinen Nachfolgern setzen sich
             Exil-Uiguren für die Rechte ihres Volkes ein. Insbesondere in
             den Neunzigerjahren sowie nach der Jahrtausendwende verschärft sich der uigurische Widerstand und ruft repressive
             Gegenmaßnahmen Pekings hervor.